Mathildes Abenteuer

Michael Behn

Mathildes Abenteuer

Auf der Suche nach Wünschen, Zielen und Sinn
oder eine Geschichte über Selbstmanagement

Band 2: Auf den Wegen

Oktober 2011
2. Auflage
Herrenberg

Umschlaggestaltung: Oliver Behn
Satz & grafisches Konzept: Oliver Behn

Dank für die Mithilfe an: Susanne Behn, Gabriele Juin, Helga Neiheißer, Peter Milz, Frank Ruschmeier, Volker Christ, Achim Christ, Peter Bödeker

Buchbestellungen von Mathildes Abenteuern auf: http://www.blueprints.de

Kontakt zum Autor: michael@blueprints.de

Herstellung und Verlag:
Books on Demand GmbH, Norderstedt
ISBN 978-3-8370-5845-1

**Gewidmet allen,
die sich auf den Weg gemacht haben,
Sinn und Glück zu finden.**

Inhalt

1. Buongiorno, Mathilde!

„Guten Morgen, Tiberius", rief Mathilde und legte ihre Jutetasche auf den Sims neben dem Kioskfenster. Der Mann im Kiosk hatte das junge Mädchen nicht bemerkt. Er war in ein Buch vertieft.

Nun klopfte Mathilde an eines der Fenster. Der Grauhaarige sah sie an, überlegte, schaute auf sein Buch und erwiderte: „Buongiorno, Mathilde. Come stai?"

„Was sagst du, Tiberius? Ich verstehe kein Wort."
„Ich sagte: 'Guten Tag, Mathilde. Wie geht es dir?'"
„Ach so."
„Ich lerne Italienisch. Schau!" Tiberius reichte Mathilde sein Buch.
„Ja, aber warum lernst du Italienisch?"
„Das ist deine Schuld", schmunzelte Tiberius.
„Meine Schuld?"

„Dein regelmäßiges Pfeiftraining und dein Lernen für Mathematik haben mir gezeigt, dass ich etwas tun muss, um endlich Italienisch sprechen zu können. Du musst wissen, dass ich das schon lange vorhabe. Ich schob die Aufgabe immer vor mir her und das ärgerte mich. Obendrein hält Sprachenlernen den Geist jung."

Mathilde strahlte und reichte Tiberius das Italienisch-Buch.

„Ich werde jeden Tag mehrere Kapitel durchlesen und die Übungen machen. Beim nächsten Besuch in der Schweiz spreche ich mit meinen Freunden Italienisch. Ich stelle mir schon ihre verdutzten Gesichter vor."

Der grauhaarige Mann wirkte jünger, während er von seinem Vorhaben erzählte.

„Wenn du willst, helfe ich beim Vokabellernen“, sagte Mathilde. „Ich frage dich gerne ab. Vielleicht lerne ich auf diese Weise einige Wörter Italienisch. Das hilft dir bestimmt und macht Spaß.“

Tiberius nickte und reichte ihr die Zeitung. Sie nahm das abgezählte Geld aus ihrer Hosentasche und legte es auf den Plastikteller.

„Viel Spaß noch beim Lernen. Tschüss.“ Mathilde hüpfte pfeifend nach Hause.

Abends dachte Mathilde über den Tag nach. Sie notierte: ***Lernen hält das Gehirn auf Trab und hilft, im Kopf jung zu bleiben. (Tiberius lernt Italienisch)***

Unter der Aufgabe
Suche das junge Mädchen mit dem Dartmoor Pony

notierte Mathilde
Hilf Tiberius beim Vokabellernen

Sie notierte seit kurzem, ihre Ideen, Wünsche, Ziele und Aufgaben. Mathilde wusste, dass sie andernfalls manches vergessen würde und vieles unerledigt bliebe.

Morgen musste sie frühzeitig raus, ihre Zeitungstour war an der Reihe. Ihr Onkel hatte Nachtschicht, somit war es an ihr, den Wecker zu stellen und Frühstück zu machen. Wenn sie aufstand, lag ihr Onkel noch nicht lange im Bett. Das kannte sie mittlerweile. Es machte ihr nichts mehr aus, einsam in den Schlaf zu finden, um morgens alleine in einen neuen Tag zu starten. Einen Tag, an dem sie sich auf die Suche machen wollte.

2. Auf der Suche

Mathilde trocknete das Geschirr ab und übte Mathematik. Ihr Lehrer hatte ihr Übungen zusammengestellt. Ab und an schaute sie auf einen Zettel, der in Augenhöhe über dem Spültisch klebte. Hier standen Mathematik-Regeln sowie das kleine und große Einmaleins. Mathilde paukte auf diese Weise zusätzlich zu den täglichen 20 Minuten, um in Mathematik noch mehr Sicherheit zu bekommen. Sie wusste jetzt, dass sich so ihre Angst vor der Mathematikarbeit verkleinerte und obendrein machte es ihr zunehmend Spaß, neue Wege zu finden, besser und einfacher zu lernen.

Das Pfeiftraining zeigte ihr, dass viele winzige Schritte am Ende eine beachtliche Strecke ergaben. Mittlerweile beherrschte Mathilde unter anderem das Pfeifen und sie hatte daran riesige Freude.

Sie stellte pfeifend das Geschirr in die Schränke, schälte Kartoffeln und deckte den Tisch. Heute standen drei Teller auf dem Tisch. Ihr Onkel hatte Tiberius eingeladen.

Danach rannte Mathilde in ihr Zimmer, schlug das Notizbuch auf, um über ihren Wunsch mit dem Pferd nachzudenken. Bis zu ihrem 15. Geburtstag wollte sie genug Geld gespart haben, um sich ein Pferd leisten zu können.

Am meisten störte sie, dass sie nicht wusste, ob sie tatsächlich gerne ritt. Ob sie ihre Angst, vom Pferd zu fallen, überwinden könnte. Deswegen war sie auch auf der Suche nach einem Mädchen, das sie bei einem Turnier beobachtet hatte. Es war ständig vom Pony gefallen, stand aber jedes Mal für den nächsten Versuch wieder auf.

„Ich könnte jetzt in meinem Pferdebuch studieren oder zum Reiterhof gehen, um das Mädchen zu suchen. Lesen kann ich, wenn es regnet oder dunkel ist“, überlegte Mathilde. Flugs schrieb sie ihrem Onkel noch eine Nachricht: Bin zum Reiterhof. Komme Viertel nach sechs zurück! Kuss, Mathilde.

Da sie kein Fahrrad besaß, lief Mathilde. Sie liebte das Laufen und kam selten aus der Puste. Nach einer halben Stunde erreichte sie den Reiterhof. Ihr Lauf wirbelte viel Staub auf. An den Stallungen stand ein elegant gekleideter Mann, der jemandem Anweisungen gab. Mathilde blieb vor den Männern stehen, zog ihren Pullover zurecht und schaute mit fragendem Blick an ihnen hinauf. Der elegant gekleidete Mann drehte seinen Kopf und musterte Mathilde.

„Können wir dir behilflich sein?“

„Ja, ich, äh, ich wollte, ja äh …“, antwortete Mathilde. Sie hatte vor lauter Aufregung die Frage vergessen.

„Nun setz dich erst einmal hier in den Schatten und trink ein Glas Wasser“, sagte der Mann.

„Wir haben dich den Weg entlang fliegen sehen. Du bist gerannt als ginge es um eine Goldmedaille, und das bei der Hitze. Da kann man schon mal vergessen, was man will. Ich bin übrigens Herr Mettmann, der Besitzer des Reiterhofs.“

Mathilde nahm das Glas Wasser, bedankte sich und trank einen erfrischenden Schluck, dabei fiel ihr wieder ein, was sie fragen wollte.

„Ich komme zu Ihnen, weil ich ein Mädchen suche. Es hat am Ringreitturnier teilgenommen. Sie hatte ein Dartmoor Pony.“

Die beiden Männer schauten sich fragend an. „Das muss ein Mädchen aus den Nachbargemeinden sein. Bei uns besitzt niemand ein Dartmoor Pony", sagte Herr Mettmann.

„Ich muss sie auf jeden Fall finden."

„Wir können in den Anmeldelisten nachschauen."

Der Mitarbeiter von Herrn Mettmann nickte und ergänzte: „Ja, die verwaltet Frau Rohlich. Die ist zurzeit nicht da. Übermorgen Abend kommt sie von der Pferdeauktion zurück, da kannst du sie fragen."

„Oh, danke. Das ist nett von Ihnen. Ich komme wieder vorbei. Äh, übrigens: ich heiße Mathilde."

Mathilde zog ihre Schnürsenkel fest und lief etwas langsamer nach Hause.

3. Eigentlich ganz gut

Die Freundinnen saßen während der großen Pause auf der Mauer und aßen ihre selbstgeschmierten Brote. Mathilde berichtete Tina, was passiert war.

„Morgen schreiben wir Mathe", sagte Mathilde und biss in ihr Pausenbrot. „Ich glaube, ich bin gut vorbereitet. Vielleicht schaffe ich diesmal eine Drei."

Tina nickte. Sie erzählte von den USA, von den Leuten dort und von ihren Verwandten. Sie erzählte von den endlosen Straßen, von Städten mit riesigen Gebäuden und von etwas anderen Gottesdiensten. Tina erzählte, dass sie mit ihrer Familie voraussichtlich in die USA ziehen werde. Man hatte ihrem Vater eine Stelle angeboten.

Mathilde hörte fasziniert zu. Ihre weitesten Ausflüge waren bisher Autofahrten mit ihrem Onkel in die 30 Kilometer entfernte Stadt gewesen.

„Das klingt interessant, Tina. Würdest du dort lieber leben als hier?"

„Ich weiß nicht. Es macht mich traurig, wenn ich daran denke", sagte Tina und sprang von der Mauer. Es hatte zur Stunde geschellt und der Pausenhof leerte sich.

Abends dachte Mathilde über den Tag nach. Auch wenn sie in letzter Zeit wenig mit Tina unternommen hatte, war sie doch ihre Freundin. Und dass sie eventuell fortging, machte sie traurig.

Sie tupfte die Träne, die auf eine Notizbuchseite gefallen war, mit ihrem Pulloverärmel weg, als eine bekannte Stimme ertönte.

„Guten Abend, junge Dame. Wie geht es dir?"

Mathilde drehte den Stuhl um und rückte ihn näher an den Nachtschrank, wo die Biene saß.

„Eigentlich ganz gut", antwortete Mathilde.
„Eigentlich? Was ist nicht gut?"

Sie erklärte der Biene die Sache mit Tina.

„Und morgen schreiben wir noch Mathematik."
„Aber du bist sicher vorbereitet – oder nicht?"
„Ja, schon. Aber etwas wissen und es in der Arbeit anwenden ist nicht das Gleiche."
„Das stimmt. Aber wenn du es nicht könntest, wäre anwenden noch schwerer", sagte die Biene.
„Das stimmt!"

„Du hast viel geübt, probierst neue Wege aus, um Mathematik zu lernen. Du fragst deinen Lehrer um Rat und studierst zusätzliche Bücher. Du gibst dir auf jeden Fall eine gute Chance."

Mathilde notierte: ***Gib dir eine gute Chance und bereite dich vor.***

„Ob Tina umzieht, weißt du nicht. Trotzdem fühlst du dich traurig, obwohl nicht klar ist, dass es passieren wird. Sei nicht betrübt über Dinge, die irgendwann passieren könnten. Das kannst du immer noch sein, wenn es passiert."

Mathilde kratzte sich am Kopf und schrieb:

Sei nicht betrübt über Dinge, die passieren könnten. Das kannst du immer noch sein, wenn es passiert.

Als die Biene sie verließ, spürte Mathilde tiefe Müdigkeit. Sie nahm ihr Mathematikbuch, legte es unter das Kissen, zog die Decke über den Kopf, konnte aber nicht gleich einschlafen. Wie würde die Suche weitergehen? Was würde das Mädchen berichten? Was könnte sie noch von ihren neuen Freunden lernen?

4. Der Findling

„Wie heißt die Dame? Mist, ich habe den Namen vergessen“, fluchte Mathilde. Was machte es für einen Eindruck, erneut zu fragen!?

„Wenn es mir wichtig ist, sollte ich es in mein Notizbuch schreiben“, haderte Mathilde. Sie setzte sich auf den Findling neben der großen Pferdekoppel und schrieb hinter dem Eintrag:

Hilf dir selber, damit du dich erinnerst

als Ergänzung: ***Schreibe dir auch Namen auf, denn Namen sind wichtig! (Denke an das Empfangsschild im Seniorenwohnheim, denke an den Reiterhof)***

„Hallo, Mathilde“, rief eine Stimme, die aus Richtung der Pferdekoppel kam. Herr Mettmann ritt auf einem schwarzen Pferd auf sie zu.

„Wenn du nach Frau Rohlich suchst, musst du dich noch etwas gedulden.“

„Guten Tag, Herr Mettmann. Das macht nichts. Ich schaue den anderen beim Reiten zu.“

Herr Mettmann fasste sich an den Reithelm, verabschiedete sich und ließ sein Pferd im Galopp über die Wiese jagen. Das sah beeindruckend aus, Mathilde merkte, wie sie bei dem Anblick Angst bekam – so ein riesiges Pferd und auch noch Galopp …

Frau Rohlich wusste bereits von Herrn Mettmann, wen Mathilde suchte. Sie reichte ihr einen Zettel mit der Adresse des Mädchens und erklärte ihr, dass sie samstags am Reittraining teilnähme.

Mathilde war zufrieden und lief zurück zum Findling. Eine ganze Weile saß sie auf dem Steinblock, der Ruhe und Kraft ausstrahlte. Sie dachte an die Mathematikarbeit, Herrn Mettmann, Frau Rohlich und das Mädchen mit dem Dartmoor Pony. „Wie heißt sie?", flüsterte Mathilde zum Findling. Sie nahm den Zettel aus ihrer Geldbörse und las den Namen: „Sandra Zilke!"

„Ich habe eine Idee. Der Findling muss einen Namen bekommen, damit ich mich erinnere, dass Namen wichtig sind und ich sie mir merken will."

Mathilde musterte den Findling und lief um ihn herum. Er schimmerte rosa und glich einem Riesenei. „Ich nenne dich Rosei. Ich hoffe, das ist dir recht", flüsterte Mathilde.

„Jetzt sprech' ich schon mit einem Findling und gebe ihm Namen. Wo das noch endet?"

5. Stimmung am See

Die Luft war frostig an jenem Samstagmorgen, und der kommende Herbst zeigte seine klamme Seite. Als Mathilde den Kiosk erreichte, warteten Gregor und Marei bereits auf sie.

„Guten Morgen“ rief der sich nähernde Tiberius gut gelaunt. „Ihr seht aus, als würdet ihr bereuen, dass ihr zu dieser Jahreszeit mit zum Angeln gehen wolltet.“

Es war sinnlos, Tiberius etwas vorzuspielen. Das wussten die Drei. Sie freuten sich auf spannende Stunden am See, aber den Zeitpunkt verfluchten sie in der Tat.

„Lasst uns sofort aufbrechen, damit unsere Füße warm bleiben. Das ist beim Angeln wichtig. Aber ich sehe, mein Rat wurde befolgt und ihr tragt das richtige Schuhwerk. Für dich, Marei, habe ich eine Heizdecke eingesteckt, sie hat mir schon hervorragende Dienste geleistete. Wir wickeln deine Beine samt Füßen ein“, sagte Tiberius und gab Gregor den Angelkoffer. Mathilde trug den Eimer mit den Ködern und den Kescher.

Nach kurzem Fußmarsch erreichten sie den See. Nebelschleier lagen über der glatten Wasseroberfläche und ein aufgeschreckter Graureiher flog kraftvoll davon. Auf der gegenüberliegenden Seeseite stand die Sonne rot über den Baumwipfeln.

„Hierfür lohnt es sich, früh aufzustehen“, sagte Gregor. Marei und Mathilde nickten.

„Selbst nach jahrzehntelangem Angeln, unzähligen Stunden am See und hunderten von Sonnenaufgängen fasziniert mich dieses Schauspiel immer wieder. In der Morgendämmerung ist hier alles friedvoll. Trotz der Schönheit findet man keine Eitelkeit. Nichts wird geordnet und doch ist alles an seinem Platz“, sagte Tiberius.

Nach weiteren zwanzig Minuten erreichten die Vier die Angelstelle. Tiberius schnaufte, denn die Wege der Angler waren für Rollstühle nicht ausgelegt.

„Wir angeln heute auf Hecht“, sagte Tiberius. „Ein Raubfisch, dessen Kopf an ein Krokodil erinnert. Circa 700 Zähne trägt er im Maul und kann über 1,30 Meter lang werden. Er frisst vor allem Fische, selbst vor seinen Artgenossen macht er keinen Halt.“

„Ein Kannibale?“, fragte Gregor.
„Ja, manchmal.“

Tiberius präparierte eine Angel, während er erzählte. Dann befestigte er Teig am Haken und kurz darauf zappelte ein silberner Fisch an der Angel.

„Darf ich vorstellen? Ein Rotauge. Diese Fischart verspeisen Hechte mit am liebsten. Es wird als Köder dienen und tot an der großen Angel befestigt.“

„Das will ich nicht sehen“, rief Marei und hielt sich die Augen zu. „Fische fangen und töten, um größere Fische zu fangen …, das ist gar nicht nett.“

„Du isst doch auch Fisch und Fleisch“, sagte Gregor. „Und was hast du gedacht, was man beim Angeln macht?“

„Ja, aber dann sehe ich es nicht und bekomme nicht mit, was vorher passiert“, rechtfertigte sich Marei.

Mathilde beobachtete gespannt die Angelpose, die anzeigt, ob ein Hecht am Köder zieht. Die Pose torkelte sachte in der Nähe einer Seerosenbank. Plötzlich durchbrach etwas die Wasseroberfläche. Keine zehn Meter von ihnen entfernt sprang ein Hecht aus dem Wasser, wand sich kraftvoll in der Luft und klatschte wieder zurück. Ein Ring von Wellen … Stille …

„Was für ein Brocken! Den holen wir uns“, sagte Tiberius.

Gregor blickte mit offenem Mund auf die Stelle, wo der Fisch gesprungen war. Er zog seinen Block aus dem Rucksack, fertigte eine Skizze an und machte Notizen.

Marei hielt Mathilde am Unterarm. Ihr Herz raste und ihre türkisblauen Augen erschienen noch größer als sonst. Das Jagdfieber war ausgebrochen. Tiberius erklärte Mathilde den richtigen Einsatz des Keschers.

Gespannt warteten die vier noch über zwei Stunden, bis sie ein wenig frustriert abbrachen. Auf dem Weg zurück waren sie sich einig, sie hatten einen spannenden Vormittag erlebt und eines Tages würden sie den Hecht fangen. Aber jetzt kam der Hunger und Gregor wollte nach Hause, um das Bild in seinem Kopf auf Papier zu bannen.

6. Sandra und Mathilde

Mit vollem Mund berichtete Mathilde von den morgendlichen Erlebnissen am See. Ihr Onkel hörte aufmerksam zu und trank seinen Kaffee.

„Das hört sich spannend an, Mathilde. Du bist eine tolle Geschichtenerzählerin. Ich glaube, du wärst auch eine gute Anglerin. Im Anglerlatein kennst du dich bereits hervorragend aus."

Mathilde lachte. „Naja, die Wellen, die der Hecht machte, schlugen eventuell nicht so hoch, wie ich zeigte. Es war aber ein riesiger Fisch."

„Wolltest du nicht zum Reiterhof?"

Mathilde schaute auf die Küchenuhr. „Oh ja, danke, dass du mich erinnerst. Hab wohl die Zeit beim Erzählen vergessen."

Nach 20 Minuten lief Mathilde an Rosei vorbei und rief ihm einen Gruß zu. Sie erreichte den Übungsplatz, wo Herr Mettmann auf einer Bank im Schatten saß.

„Guten Tag, Herr Mettmann."

„Guten Tag, Mathilde. Du bist wieder flott unterwegs. Offenbar hast du immer viel zu tun. So wie du ständig rennst."

„Nicht immer. Aber ich habe kein Fahrrad und viel Spaß am Laufen. Ich mag es einfach, wenn die Dinge an mir vorbeifliegen."

„Du bist ein ganz besonderes Mädchen, Mathilde", sagte der Besitzer des Reiterhofs und bot ihr einen Sitzplatz an. Sie schauten der Trainingsgruppe zu und Herr Mettmann erzählte, dass die

Reitlehrerin seine Tochter und das junge Mädchen mit den Zöpfen seine Enkelin sei.

Die Reiterin, mit der Mathilde sprechen wollte, übte mit. Auch heute blieb sie nicht unbemerkt. Nach einigen Runden um den Parcours stieg sie als Einzige kopfüber von ihrem Pony ab.

Geduldig wartete Mathilde, bis die Pferde in die Ställe gebracht wurden. Hier bekamen sie Wasser und man rieb sie ab. Der richtige Zeitpunkt, um das Mädchen anzusprechen. Mathilde erzählte von ihrem Wunsch, ein eigenes Pferd zu haben, und von ihrem Problem.

„Warum habe ich keine Angst vor dem Fallen und steige immer wieder auf mein Pony, wenn ich heruntergefallen bin?“, wiederholte Sandra Mathildes Frage.

„Das ist einfach. Als ich kleiner war, da balancierte ich gern und das Fallen gehört dazu. Auf allem musste ich balancieren. Meinen Eltern gefiel das gar nicht. Schnell merkten sie, dass ich davon nicht abzuhalten war, und so meldeten sie mich beim Turnen an. Ich musste versprechen, das Fallen zu üben“, erzählte Sandra. Mathilde notierte in ihrem Buch.

„Was schreibst du?“, fragte Sandra.

„Oh, ich mache mir ein paar Notizen, um mich an deinen Weg zu erinnern. Ich versuche, daraus zu lernen.“

„Eine tolle Idee. Was hast du geschrieben?“

„Dass du balancieren geübt hast und somit das Fallen. Das verringerte deine Angst, vom Pferd zu fallen“, sagte Mathilde.

„Ja, so ist es. Ich führe auch ein Tagebuch, in dem ich meine Erlebnisse aufschreibe. Aber die Sache mit dem Notieren von Ideen und Erfahrungen gefällt mir. Vielleicht sollte ich es in meinem Tagebuch auch machen."

„Klar. Das könntest du tun", sagte Mathilde.

„Da kommt meine Mutter. Sie hat es wie immer eilig. Komm nächsten Samstag wieder", rief Sandra und schlug die Autotür zu.

Mathilde trat den Heimweg an. Am Findling Rosei machte sie einen Zwischenstopp, um ihre Notizen anzuschauen und das Treffen zu notieren.

- *„Lerne erst einmal reiten!"*
- *Das junge Mädchen mit dem Dartmoor Pony fragen, wie es seine Angst vor dem Fallen überwunden hat* ✓
- ***Beschäftige dich mit dem Balancieren und dem Fallen. Übe zu fallen, um die Angst zu verringern. (Sandras Weg: hat Fallen beim Turnen geübt)***
- ***Treffen mit Sandra am nächsten Samstag***

7. Sich im Kreise drehen

„Il francobollo", sagte Tiberius.
„Korrekt. Du hast die Vokabeln gelernt."
„Und ob", sagte Tiberius.

„Il francobollo. Eine lustige Bezeichnung für Briefmarke. Jetzt muss ich aber los. Ich hoffe, du bist nicht ärgerlich, aber ich möchte meinem Onkel heute beim Essenkochen helfen und ich habe viele Hausaufgaben auf."

Tiberius war natürlich nicht böse. Sie musste ihm lediglich versprechen, ihren Onkel zu grüßen, und rief ihr noch ein „Ciao" hinterher.

Mathilde hüpfte heute besonders hoch, denn ihr Mathematiklehrer hatte eine vielversprechende Andeutung bezüglich ihrer Mathematikarbeit gemacht. Sie sprang die Stufen hinauf und pfiff die Titelmelodie von „Pipi Langstrumpf". Ihr Onkel war noch nicht zu Hause und Mathilde begann mit den Hausaufgaben. Aber an ihren Augenlidern zog Müdigkeit wie ein Tonnengewicht. Sie legte sich auf das ausnahmsweise aufgeräumte Bett und fiel in einen tiefen Schlaf.

„Mathilde", flüsterte jemand. Der Käfer saß auf dem Nachtschrank.
„Du siehst müde aus."
„Bin ich auch."

„Das kann ich verstehen. Frühmorgens Zeitungen austragen, Pfeifen üben, zur Schule gehen, Hausaufgaben erledigen, Vokabeln abfragen, Notizbuch führen, Mathe lernen und so weiter und so weiter."

Der Käfer drehte sich im Kreis.
„Warum machst du das?“, fragte Mathilde.

„Weil es mir Spaß macht“, sagte der Käfer. „Außerdem erinnere ich mich auf diese Weise daran, dass ich nicht nur stur in eine Richtung blicke.“

„Mathilde! Du wolltest mir doch beim Kochen helfen“, dröhnte eine tiefe Stimme aus dem Flur, und der Käfer verschwand.

„Komme gleich“, rief Mathilde, die noch schnell ihr Notizbuch aufschlug und auf Seite 7 notierte: ***Sich im Kreis drehen, weil es Spaß macht und daran erinnert, dass wir nicht nur in eine Richtung blicken (Käfer).***

Nachdenklich, aber mit gewaschenen Händen, ging sie in die Küche und kochte mit ihrem Onkel Spaghetti mit Hackfleischsoße.

„Buon appetito!“, sagte Mathilde, während sie die ersten Spaghetti auf ihre Gabel drehte.
„Dir auch, Bella“, erwiderte ihr Onkel mit traurigem Lächeln.

8. Geheimnisse und Glücksbringer

Mathilde reichte Marei und Gregor je eine Limonade und einen Schokoriegel. Die Riegel hatte sie vom Taschengeld gekauft und die Limonade selber gemacht. Es war Zeit für eine Feier.

„Er ging durch den Raum und gab die Klassenarbeiten zurück. Die schlechten Zensuren verteilt er immer zuerst. Ihr wisst, da bin ich sonst dabei. Er verteilte, verteilte und verteilte. Der Stapel schrumpfte. Ich befürchtete schon, er hätte die Reihenfolge der Hefte durcheinandergebracht.“ Mathilde nahm einen Schluck Limonade.

„Und dann, was war dann? Nun erzähl weiter!“, rief Marei.

„Als der Stapel nur noch winzig erschien, stand Herr Rummel neben mir und gab mir lächelnd mein Heft. Mein Herz raste. Ich schlug das Heft auf, blätterte bis zur letzten beschriebenen Seite, und da stand die Note – eine Zweiminus und darunter stand in Klammern (Klasse, Mathilde!).“

„Das ist großartig. Ich freue mich so sehr für dich“, sagte Marei.

„Darauf lasst uns anstoßen“, rief Gregor und hielt Mathilde sein Glas mit Limonade hin.

Die Drei prosteten sich zu und nahmen einen kräftigen Schluck.

„Es ist ein Schritt in die richtige Richtung. Ihr wisst, dass ich versuche, im Zeugnis eine Drei in Mathe zu haben. Wenn ich dranbleibe und weiter meine Übungen mache, schaffe ich es bestimmt“, sagte Mathilde.

„Was machen wir nach der Feier? Habt ihr heute Nachmittag Zeit?“, fragte Gregor und sprang auf. „Es ist Samstag und ich möchte euch etwas präsentieren.“

„Ich kann erst am späten Nachmittag. Ich treffe mich mit dem Mädchen, das beim Ringreiten ständig vom Pferd fiel. Ich kann erst später oder morgen.“

So einigten sich die Freunde auf den nächsten Tag, da Gregor irgendetwas präsentieren wollte. Mathilde brachte Marei bis zum Kiosk, wo Tiberius noch ein wenig Italienisch mit ihnen sprach. Beide mussten lachen, weil er bereits wie ein Italiener gestikulierte.

Nach dem Mittagessen machte Mathilde sich früher als üblich auf den Weg zum Reiterhof, denn sie wollte einen Stopp bei Rosei einlegen.

„Ich mag die Turnburg, aber hier ist es ruhiger und ich blicke über die Felder.“

Der Findling stellte für Mathilde mittlerweile einen besonderen Ort dar. Einen Ort, der ihr Kraft und Ruhe gab. Sie legte ihr Notizbuch gegen den riesigen Stein und notierte, dass sie sich eine Sitzgelegenheit bei Rosei bauen würde.

„Hast du gesehen? Heute bin ich nicht gefallen“, rief Sandra.
„Ja, das sah gut aus“, erwiderte Mathilde und reichte Sandra einen Würfel Zucker, den sie in ihrer Jackentasche mitgebracht hatte. „Der ist für dein Pony.“
„Gib du Klompie den Zucker“, sagte Sandra.

Mathilde schüttelte erst den Kopf, aber dann ließ sie sich doch überreden, und das Pony nahm ihr vorsichtig den Zucker mit weichen Lippen von der flachen Hand.

„Ich habe mein Tagebuch ergänzt“, sagte Sandra. „Ich habe mir überlegt, was ich später machen möchte.“
„Und Schule?“, fragte Mathilde.
„Das brauche ich nicht. In der Schule bin ich gut“, antwortete sie.

Die beiden unterhielten sich noch eine ganze Zeit. Was wollten sie erreichen? Was wollten sie tun? Was hilft, um dranzubleiben? Und so weiter …

Sandra beeindruckten Mathildes Ideen und welche Tipps sie sich mit Beispielen notiert hatte. Als das Auto von Sandras Mutter heranraste, beschlossen die beiden, sich jeden Samstag zu treffen, um Erfahrungen auszutauschen.

Auf dem Weg nach Hause machte Mathilde wieder eine Pause bei Rosei. Sie hockte sich hinter den Stein, um vor dem kühlen Wind geschützt zu sein. Lange dachte sie nach und schrieb: ***Ideen mit Sandra austauschen. Sie nutzt ein Tagebuch (Treffen nach dem Reittraining).***

„Ach, das hätte ich fast vergessen“, murmelte Mathilde.

Feiere auch mal kleine Erfolge mit deinen Freunden oder alleine (Zwei minus in der Mathematikarbeit!).

„Daaas ist eine außergewöhnliche Idee. Bald gibst du mir Tipps“, sagte die Schnecke, die auf einem Stein neben dem Findling saß.

„Hallo Schnecke!“, rief Mathilde. „Toll, dass du mich hier besuchst. Ich hoffe, die Gräser sind hier auch gut. Eigentlich müssten sie es sein, denn du sagtest, dass die meisten guten Dinge nur in der Stille reifen.“

„Das ist waaahr, Mathilde, auch hier wachsen köstliche Gräser. Außerdem gefällt mir deine Idee mit dem Findling und dein Erfahrungsaustausch mit Sandra.“

Mathilde nickte.

„Dass du von Rosei und deinen Ratgebern nichts gesagt hast, halte ich für absolut richtig. Maaanche Dinge sollten wir für uns behalten. Sie sind unser Geheimnis, unser Talisman und Glücksbringer, den allein wir kennen.“

„Ja, das bleibt mein Geheimnis“, sagte Mathilde und legte der Schnecke eine Handvoll Gräser hin.

9. Auf den Wegen

Der Weg verlief hier steiler als an irgendeinem anderen Ort im Städtchen. Der Rollstuhl glich einem Klotz ohne Räder und der Anstieg schien nicht zu enden. Pustend und mit rotem Kopf schob Mathilde. Nur manchmal fluchte sie ganz leise.

„Dass du dich mit Sandra austauschen willst, finde ich klasse. Miteinander zu lernen geht immer leichter und macht Spaß", sagte Marei. Der eifersüchtige Unterton entging Mathilde nicht.

„Ja. Ich bin gespannt, was wir für Ideen austauschen", erwiderte Mathilde schnaufend. „Nimmt der Berg denn gar kein Ende?"

„Gleich haben wir es geschafft, Mathilde. Nur noch 30 Meter. Danke, dass du mir hilfst. Alleine bräuchte ich ewig und jede Menge Pausen."

„Hui, schnauft ihr", begrüßte Gregor die beiden. „Ich freue mich, dass ihr da seid. Ich hole euch erst einmal was zu trinken."

Nach dem Erfrischungsgetränk half Gregors Vater, Marei ins Haus zu schieben.

„Mein Vater hat mir sein Arbeitszimmer zur Verfügung gestellt. Sein Arbeitsplatz ist jetzt in unserem Gartenhaus. Er sagte, das wollte er schon immer mal machen. Er glaubt, dass er dort gute Ideen hätte", sagte Gregor.

Neben der Tür zum Arbeitszimmer stand eine Staffelei, auf der eine kunstvoll bemalte Pappe platziert war, worauf stand:

Zu meiner ersten Ausstellung begrüße ich heute: Mathilde und Marei

Thema: Auf den Wegen
Künstler: Gregor Klapp

Gregor öffnete die Tür und sie betraten einen Raum, der durch Staffeleien, Trittleitern und Stühle in mehrere Bereiche aufgeteilt war. Auf dem Boden lag ein roter Wollfaden, der sich durch das Zimmer schlängelte.

„Bitte folgt dem roten Faden. Er zeigt euch den Weg durch die verschiedenen Abschnitte“, sagte Gregor.

Sprachlos starteten Mathilde und Marei ihren Weg. Im ersten Bereich zeigte das Bild einen Hecht, der aus dem Wasser sprang. Man sah seine rasiermesserscharfen Zähne. Seerosen, ein Wasserläufer sowie eine Angelpose ergänzten die Szene.

„Ich habe mir Bildbände aus der Bücherei besorgt. Die Struktur der Schuppen hätte ich sonst nicht hinbekommen. Der Wasserläufer oben rechts kam nachträglich dazu. Mir erschien ein Zuschauer im Bild passend“, erklärte Gregor den beiden, die mit offenem Mund neben ihm standen.

„Kommt weiter“, rief Gregor, und sie folgten dem roten Faden. Sie blieben vor einem Bild stehen, das ein Lagerfeuer zeigte. Das Feuer umringten schemenhaft gezeichnete Personen. Tiberius erkannte man in der Silhouette an seinem Bart. Hier sah man jemanden in ein Notizbuch schreiben. Dort saß eine Person im Rollstuhl und daneben hielt jemand einen Pinsel in der Hand.

Weitere Bilder begeisterten Mathilde und Marei. Der rote Faden endete in der Mitte des letzten Bereiches im Zimmer. Ein weißes

Laken deckte das Bild ab. Es war das einzige Bild in diesem Bereich und größer als die anderen. Gregor schritt zum Bild und drehte sich schwungvoll um.

„Ich wusste nicht, ob ich das Bild zeige, da meine Mutter sagte, es könnte traurig machen. Ich glaube es nicht und ich mag dieses Bild sehr, aus diesem Grund möchte ich es euch zeigen, denn wir sind doch Freunde“, sagte Gregor. Langsam zog er das Laken vom Bild.

Was zum Vorschein kam, stellte alles Bisherige in den Schatten. Marei und Mathilde schauten sich fragend an. Zu sehen war eine Wiese, die in einen Sandstrand überging. Dahinter sah man Meer, Himmel und Sonne. Die Möwen konnte man förmlich hören, das Meer riechen und den warmen Sand unter den Füßen spüren.

Auf der Wiese sah man etwas Verrücktes. Gregor brauste auf einem Rennrad über das Feld, Mathilde lief neben ihm und ihre roten Haare wehte der Laufwind nach hinten. Vor ihnen ritt Marei auf einem Schimmel und drehte sich strahlend nach ihnen um.

Nach einer Weile der Stille fragte Gregor: „Gefällt es euch?“

Das Schluchzen von Marei war nur die halbe Antwort, denn sie klatschte in die Hände und rief: „Bravo, Gregor! Ein schöneres Bild habe ich nie zuvor gesehen.“ Marei fuhr auf Gregor zu und nahm ihn in die Arme, dass ihm die Luft wegblieb.

Abends dachte Mathilde noch lange über das Wochenende nach. Was für Erlebnisse. Was für Freunde. Beim Gedanken an das letzte Bild stellten sich ihre Nackenhaare auf und ein breites Lächeln wirbelte ihre Sommersprossen für einen Moment durcheinander.

10. Drei Sachen gleichzeitig

Heilig Abend lag noch in weiter Ferne und Mathilde übte Weihnachtslieder. Sie wollte mit ihrem Onkel am Festabend pfeifen, und zwar so, dass man die Lieder erkannte und sie sich gut anhörten.

Auf ihrer Zeitungstour übte sie an diesem Tag Pfeifen sowie das Balancieren auf einer Mauer. Nebenbei fasste sie in den Beutel mit den Zeitungen, als sie plötzlich mit dem linken Fuß an einem Mauerpfeiler hängen blieb. Kopfüber stürzte sie in eine Hecke. Bremsen quietschten, während Mathilde versuchte, sich aus den Büschen zu befreien. Das Gesicht zerkratzt, die Jacke aufgerissen und ihr roter Lieblingsschal zog Fäden. Zitternd saß sie im Fahrzeug, worauf Herr Henning die Heizung im Polizeiauto höher stellte.

„Tut dir sonst noch etwas weh? Die Kratzer im Gesicht sind nicht tief, brennen aber sicherlich. Oder?“

Mathilde nickte und schaute in den Spiegel, den der Polizeiobermeister ihr hingedreht hatte. „Das habe ich davon, dass ich drei Sachen gleichzeitig machen wollte. Jacke kaputt, der Schal nicht mehr zu gebrauchen aber wenigstens sind die Zeitungen heil.“

„Soll ich dich nach Hause fahren?“

Mathilde schüttelte den Kopf, bedankte sich und erklärte, dass sie die Zeitungstour fortsetzen wolle. Widerspruch schien zwecklos, Herr Henning stellte die Warnblinkanlage aus und fuhr winkend davon.

Am Ende der Tour blieben zwei Zeitungen übrig. Wen sie übersehen hatte, wusste Mathilde nicht. Zu Hause pflegte sie ihr Gesicht, um anschließend zur Schule zu laufen. Es folgte ein normaler Schultag. Nur die gelegentlichen Lästereien wegen ihres Gesichts nervten.

Auf dem Nachhauseweg erinnerte sich Mathilde, wo sie die Zeitungen nicht eingeworfen hatte. Nach dem Mittagessen mit ihrem Onkel schnappte sie ihre Zeitungstasche. Kurz darauf stand sie vor dem Wohnblock und überlegte lange, was sie tun sollte. Die Zeitungen bloß in die entsprechenden Briefkästen zu werfen, würde nicht fair sein. Sie klingelte mit klopfendem Herzen und eine Frau mit Kopftuch öffnete.

„Guten Tag. Ich heiße Mathilde und trage hier die Zeitungen aus. Heute Morgen habe ich vergessen, Ihre einzuwerfen. Ich bin von der Mauer gefallen und kam wohl durcheinander. Deswegen bringe ich sie Ihnen jetzt und möchte mich dafür entschuldigen."

„Ja, das haben wir gemerkt. Auch die Nachbarn haben sich gewundert. Mein Mann war sauer und schimpfte. Aber …", die Frau hielt inne und lächelte. „Was erzähle ich – du hast dich ja entschuldigt. Dein Gesicht ist ganz zerkratzt und deine Jacke zerrissen. Gib mir die Jacke bitte, ich habe meine Nähmaschine aufgebaut. Ich repariere sie dir, wenn du magst."

Mathilde zog ihre Jacke aus und gab sie Frau Günes, das war jedenfalls der Name auf dem Klingelschild. „Die andere Zeitung kannst du mir auch geben, unsere Nachbarn sind erst heute Abend wieder da."

Vor dem Schlafengehen klebte Mathilde ein Stück Wolle von ihrem Schal in ihr Notizbuch und zwar vor das Wort *fair*. Hinter der Beschreibung schrieb sie noch in Klammern: ***(Frau Günes)*** sowie auf ihrer Aufgabenseite: ***Dankeschön für Frau Günes besorgen.***

11. Freunde und das traurigschöne Bild

„Wie willst du das mit dem Reiten und dem Pferd machen?“, fragte Sandra.

„Ich weiß es nicht. Ich habe Angst zu fallen und auch ein bisschen vor Pferden. Und das, obwohl sie mir gefallen und ich gerne reite – glaube ich.“

„Wäre es nicht gut, wenn du erst einmal deine Angst vor Pferden verlierst?“, fragte Sandra.

„Ja klar, aber wie denn? Auf die Idee bin ich auch schon gekommen.“

Sandra merkte, dass sie das Thema wechseln sollte, Mathilde war wütend.

„Ich habe über meine Wünsche nachgedacht und bin nicht weitergekommen. Ich habe doch alles. Ich gehe zum Reitunterricht, mir gehört ein Pferd und in der Schule bin ich gut“, sagte Sandra.

„Geld spart mein Vater für mich. Er hat ein Konto für mich angelegt, auf das monatlich ein Betrag überwiesen wird. Sogar meine Patentante und mein Patenonkel überweisen mir jeden Monat Geld. Wenn ich irgendetwas will, wünsche ich es mir und bekomme es.“

„Das ist schön“, sagte Mathilde.

Mit ihrem Gedankenaustausch kamen die beiden nicht voran. Sie saßen vornehmlich schweigend nebeneinander und malten in ihren Büchern. Die Zeit verrann, und bald hielt der prächtige Wagen von Sandras Mutter auf dem Parkplatz. Nach kurzer Verabschiedung blieb Mathilde zurück und zeichnete weiter.

„Was malst du?“, fragte Marei, die sich mit dem Rollstuhl durch den weichen Sand mühte.

„Wo kommst du denn her?“, rief Mathilde und sprang auf, um ihrer Freundin zu helfen. Sie quälten sich gemeinsam durch den tiefen Sand und platzierten den Stuhl so, dass sie über die Pferdekoppel schauen konnten.

„Du erinnerst dich an das verrückte Bild von Gregor? Es ließ mich nicht mehr los. Ich habe jetzt die Idee, irgendwann auf dem Rücken eines Pferdes zu sitzen. Ich weiß, dass das Quatsch ist, aber träumen darf man doch. Oder?“

Mathilde nickte, blätterte in ihrem Notizbuch und zeigte die Skizze des Bildes. Bis in die kühle Abenddämmerung saßen die beiden an den Pferdeställen. Sie überlegten, was sie tun könnten, um das Bild Wirklichkeit werden zu lassen. Schnell stand fest, dass sie mit Gregor reden wollten, um einen Plan zu schmieden.

„Schön, wenn man echte Freunde hat“, sagte Marei.

„Da hast du recht. Ich bin gespannt auf unseren Plan“, sagte Mathilde und schob den Rollstuhl durch den feinen, feuchten Sand.

Keinen der drei Freunde ließ die Idee los. Immerzu wurde die Skizze hervorgeholt, und bereits einige Tage später trafen sie sich bei Klapps im Garten.

„Ein Kleiber!“, flüsterte Gregor und deutete auf die große Esche. Der Vogel kletterte kopfüber am Baumstamm und suchte die Rinde ab.

„Ein geschickter Vogel. Wenn er so kopfüber am Baumstamm läuft, scheint er am Baum zu kleben, so habe ich mir seinen Namen gut merken können“, sagte Gregor.

„Es lässt mich nicht mehr los“, sagte Marei. „Ich reite auf einem Pferd, Mathilde läuft neben mir und du, Gregor, fährst auf einem Rennrad neben uns.“ Mareis Augen strahlten, aber der sich anschließende tiefe Seufzer klang traurig.

„Meine Mutter hatte also doch recht. Das Bild kann auch traurig machen“, sagte Gregor.

„Das Bild ist wunderschön und die Vorstellung auch, aber dann schau ich nach unten und sehe den Rollstuhl“, erklärte Marei.

„Mir gefällt das Bild so gut, weil ich laufe, und zwar so schnell, dass meine Haare nach hinten fliegen. Ich sehe dich, Marei, wie du auf dem Pferd reitest und strahlst. Ich sehe dich, Gregor, wie du trotz deines Asthmas mit dem Rennrad über das Feld rast. Ich sehe auch das Meer und den Strand, wo wir uns nach unserem Wettrennen ausruhen können – oder baden werden“, sagte Mathilde. Jeder starrte auf seine Skizze des Bildes, die Gregor für sie angefertigt hatte.

„Mir gefällt auf dem Bild vor allem, dass alle glücklich sind und ich genug Luft habe, um auf einem Rennrad über die Felder zu rasen. Ich weiß außerdem, dass du gerne läufst, Mathilde, und dass du, Marei, Pferde magst und einmal geträumt hast, du würdest reiten. Das hast du mir auf dem Ringreitturnier erzählt. Ich notiere solche wichtigen Dinge immer auf meinem Skizzenblock. Irgendwann verbinden sich die verschiedenen Informationen und Bilder zu etwas Neuem. Ein Bild entsteht in meinem Kopf und das male ich dann“, sagte Gregor.

„Wenn uns allen gefällt, was wir auf dem Bild sehen, dann sollten wir etwas dafür tun. Was müssen wir machen, um das zu erleben?“, fragte Mathilde. „Lasst mich aufschreiben, was uns einfällt.“

Die drei Freunde schauten auf ihre Skizzen. Eine Weile war es mucksmäuschenstill, dann sagte Marei: „Wir könnten Tiberius um Rat bitten.“

„Ja, und Herrn Mettmann vom Reiterhof“, ergänzte Mathilde.

„Frau Klawitsch sollten wir auch fragen. Sie versteht sicher auch, was wir vorhaben“, sagte Gregor und Mathilde schrieb mit.

So überlegten die drei, was sie tun müssten, um ihre Vorhaben zu verwirklichen. Eine Stunde grübelten sie, bis es Zeit war, den Heimweg anzutreten, denn es wurde bereits dunkel. Als Abschluss las Mathilde vor, was sie in ihrem Notizbuch aufgeschrieben hatte. In Klammern hatte sie notiert, wer für die Aufgabe zuständig war. Auf Seite 8 war zu lesen:

- ***Tiberius um Rat und Ideen bitten*** ***(Mathilde)***
- ***Buch über Rennradfahren lesen*** ***(Gregor)***
- ***Mathildes Onkel fragen*** ***(Mathilde)***
- ***Frau Klawitsch fragen*** ***(Gregor)***
- ***Mareis Eltern um Erlaubnis bitten*** ***(Marei)***
- ***Gregors Mutter wegen Asthma fragen*** ***(Gregor)***
- ***Herrn Mettmann fragen*** ***(Mathilde)***
- ***Marei liest Mathildes Pferdebuch*** ***(Marei)***
- ***Arzt fragen, ob so etwas möglich ist*** ***(Marei)***
- ***Rennrad ausleihen*** ***(Gregor)***
- ***Buch über Laufen besorgen*** ***(Mathilde)***

12. Fertig

Am nächsten Morgen stand Mathilde früher auf, denn sie wollte überlegen, wann sie welche ihrer Aufgaben erledigen könnte.

Wenig später saß sie am Frühstückstisch und schmierte Pausenbrote. Sie erzählte ihrem Onkel vom Vortag und zeigte ihm die Notizen.

„Zum Thema ‚Reiten und Rennrad' kann ich nichts beisteuern, und dass du gerne läufst, ist mir neu", sagte ihr Onkel, der einen Apfel schälte. „Hier nimm, dann hast du Energie für deinen nächsten Lauf."

Mathilde lachte und nahm die Apfelstücke.

„Ich werde darüber nachdenken. Vielleicht fällt mir etwas ein." Er hängte einen Zettel mit der Notiz „Mathildes Projekt" an den ständig brummenden Kühlschrank.

Die Schulstunden schienen heute länger zu sein und Mathilde konnte es nicht abwarten, ihre Aufgaben zu erledigen. Um halb zwölf war es geschafft und sie machte sich auf den Weg zur Bücherei. Sie war fast allein mit all den Büchern, und Frau Klemmer hatte sogar Zeit für ein „Guten Tag, Mathilde!"

„Das Mathematikbuch war klasse. Ich konnte meine Zensur verbessern.
„Das freut mich. Was suchst du heute?", fragte Frau Klemmer.
„Bücher über das Laufen. Übungen, Training, Geschichte und so."

Frau Klemmer deutete nach oben. „Im ersten Stock findest du den Bereich Sport. Ich weiß nicht, ob es ein Buch speziell zu diesem Thema gibt."

Es gab sogar mehrere. Mathilde entschied sich für einen Ratgeber über „Lauftraining" sowie für ein Werk zur Geschichte des Sports.

Nach dem Ausleihen der Bücher lief sie zu Marei, um ihr das Pferdebuch zu bringen. Doch sie war nicht zu Hause, und so versteckte Mathilde es in der Garage und schrieb eine Notiz. Da sie noch Zeit hatte, lief sie bei Rosei vorbei. Als sie den Findling erreichte, erinnerte sie sich, dass sie hier eine Sitzgelegenheit bauen wollte. „Das mache ich das nächste Mal, wenn ich mehr Zeit habe, und zu kalt ist es auch".

„Das Wetter wird nicht besser, die Schatten werden länger und der Herbst hat die Winde bereits losgelassen", rief eine Stimme. Es war die Biene.

„Liebe Mathilde, schiebe solche winzigen Aufgaben nicht auf, denn das Schieben kostet Energie. Manches sollten wir nicht aufschreiben, sondern es sofort tun. Es verstopft dein Notizbuch, und in der Zeit, in der du es notierst, ist es erledigt."

„Ich habe aber keine Zeit und woher soll ich das Material denn bekommen?"

„Das weiß ich nicht. Ich weiß hingegen, dass du noch nicht wahrhaftig gesucht hast. Denke bitte daran: ***Dein Notizbuch ist nicht dafür da, es vollzuschreiben, sondern es ist dazu da, um das wirklich Wichtige aufzuschreiben und dich zu erinnern.***"

Mathilde suchte die Umgebung nach einer Sitzgelegenheit ab. Schnell fand sie einen alten Plastikeimer, der im Graben lag. Sie drehte ihn um, legte ein Brett darauf und fertig war ihr neuer Sitz.

„Fertig“, rief die Biene und lächelte.

13. Projekt „Wehendes Haar"

Es war kalt und auf den kahlen Feldern machten die Krähen ihrem Namen alle Ehre.

„Unheimlich", dachte Mathilde auf dem Weg nach Hause. Aber vorher besuchte sie noch Tiberius, dem sie beim Vokabellernen helfen wollte. Außerdem hatte der Kioskbesitzer sich etwas zum Projekt „Wehendes Haar" überlegt. So hieß das Vorhaben, denn Mathildes nach hinten fliegende Haare sorgten ständig für gute Laune.

„Salve, Mathilde."
„Ciao, Tiberius."

Tiberius hatte seiner Besucherin eine heiße Schokolade gemacht. Mathilde fragte Vokabeln ab. Danach versuchte der Kioskbesitzer auf Italienisch zu erzählen. Er gab eine Bestellung auf, kaufte bei ihr ein oder erkundigte sich nach dem Weg zu verschiedenen Orten. Mathilde reagierte in der Regel mit „si", „no" oder „non capisco". Es wurde gelacht, denn Tiberius fuchtelte mehr mit den Armen, als dass er etwas sagte. Mathildes „non capisco" klang mittlerweile frei von jedem Akzent und ihr Augenrollen, wenn sie nichts verstand, brachte Tiberius dauernd zum Lachen.

„Vielen Dank, Mathilde. Das war mal wieder lustig. Es zeigt mir, wie wichtig es ist, dass Lernen Spaß macht. Jetzt aber zu deiner Frage." Tiberius setzte sich und nippte an seinem Kaffee.

„Ich habe mir Gedanken zu ‚Wehendes Haar' gemacht. Eine großartige Idee. Du sagtest, ihr trefft euch regelmäßig, um am Projekt zu arbeiten."

„Ja, wir treffen uns jeden Samstag. Morgen zum dritten Mal“, unterbrach ihn Mathilde.

„Wenn ich an das Bild denke, liegt wohl die größte Herausforderung darin, dass Marei auf einem Pferd über eine Wiese reitet. Du hast erzählt, dass Marei ihre Eltern um Erlaubnis fragen will, sich aber nicht traut.“

Mathilde nickte und Tiberius holte aus dem Schrank unterhalb der Kasse eine Packung Kekse.

„Ich denke, es ist gut, dass Marei ihre Eltern zu diesem Zeitpunkt noch nicht um Erlaubnis fragt.
Was soll Marei denn über das neue Vorhaben erzählen, das ihre Eltern ohne weitere Informationen sicher für gefährlich halten werden. Mir ginge es an ihrer Stelle auch so. Du sagtest, dass ihr eure Aufgaben aufgeschrieben habt, die jeder von euch erledigen soll. Könntest du mir die Liste zeigen?“

Mathilde schlug Seite 8 auf und gab Tiberius das Notizbuch. Sich am Bart reibend, studierte der grauhaarige Mann das Geschriebene.

„Hm – eine lange Liste. Mein Tipp ist, bringe die Aufgaben in eine andere Reihenfolge. Mit solchen Projekten verhält es sich hin und wieder wie mit dem Anziehen. Es ist ratsam, erst die Socken und danach die Schuhe anzuziehen“, sagte Tiberius und Mathilde musste lachen.

„Fangt an mit dem Sammeln von Informationen. Das ist wichtig, um ‚Wehendes Haar‘ zum Erfolg werden zu lassen.

Nach deren Bewertung könnt ihr besser entscheiden, ob und wie ihr das Projekt durchführt. Zu dem Zeitpunkt fällt es euch auch leichter, Betroffene zu informieren und ihnen euer Vorhaben zu erklären. Fragt eure Eltern und du, Mathilde, deinen Onkel um Rat und um Erlaubnis. Das ist wichtig und bei einem solchen Projekt fair.“

Abends betrachtete Mathilde die neue Aufgabenliste, die jetzt aufgeräumter wirkte.

14. Complimenti, Mathilde

„Kerstin, Thomas, Susanne, Jens, Frank …"

Herr Rummel verteilte die korrigierten Mathematikarbeiten. Mathildes Hände waren feucht und ihr Herz klopfte wild. Hatte sich das tägliche Lernen ausgezahlt? Es dauert eine Ewigkeit und fast alle Hefte waren verteilt.

„Mathilde!" Herr Rummel stand lächelnd vor ihr. „Große Klasse! Könntest du nicht deinen Mitschülern, die sich verbessern möchten, einen Rat geben und erklären, wie du das geschafft hast?"

Mathildes Ohren fingen an zu glühen. Bevor sie antwortete, musste sie in ihr Heft schauen, um anschließend weiß zu werden wie ein Streifen Deckweiß aus der Tube.

„Das kann nicht mein Heft sein", überlegte Mathilde und schaute auf den Umschlag. Name, Klasse alles stimmte. Es war also wahr – sie hatte eine Eins minus. Ihr strahlendes Gesicht schien das Klassenzimmer zu erhellen. Wie etwas Zerbrechliches legte sie das Heft vor sich hin.

„Was hältst du von der Idee?", fragte Herr Rummel.

„Ach so – ja – klar", sagte Mathilde und schaute sich im Klassenraum um. „Am Donnerstag haben wir Mathe in der letzten Stunde. Wer möchte, dem erzähle ich anschließend, was ich gemacht habe, um besser zu werden."

Auf dem Weg nach Hause wusste Mathilde nicht, wohin mit der Freude. Sie pfiff und lief, hüpfte ein Stück, dann wurde auf einer Mauer balanciert, um danach einen Spurt einzulegen ... Sie musste jedem berichten, was ihr Unglaubliches gelungen war.

Zuerst lief sie zum Kiosk, wo sie nach Tiberius‘ erfreutem Ausruf „Complimenti, Mathilde!“ ihre Schulsachen abgab, damit sie schneller laufen konnte.

Jetzt nahm sie Fahrt auf und rannte zu Marei. Ihre Freundin war begeistert, drückte sie immer und immer wieder und ließ darüber ihr Essen kalt werden.

Auf dem Weg zu Klapps bemerkte Mathilde kaum den letzten Anstieg, der ansonsten in den Beinen zwickte und einen aus der Puste kommen ließ. Gregor reparierte gerade sein Fahrrad. Während Mathilde berichtete, rief er permanent „Klasse!“.

Zu guter Letzt lief sie noch zu Rosei. Vielleicht würde ja einer ihrer anderen Freunde auftauchen. Doch niemand außer dem Findling war da und Mathilde machte auf ihrer Sitzgelegenheit eine Pause. Sie dachte zurück an ihr Ziel in Mathe, regelmäßiges Üben, die Ideen ihrer Ratgeber, und an die Gesichter ihrer Freunde, als sie von der Eins minus erzählte.

Auf dem Heimweg lief Mathilde langsamer. Sie hatte Seitenstechen und ihr war flau im Magen. Mittags aß sie kaum, denn der Bauch schmerzte und ihr war schwindelig. Ihr Onkel brachte sie in ihr Zimmer und zog die Vorhänge zu. Den Glückwunsch hörte sie noch, und dann fiel sie in einen erholsamen Schlaf.

15. Knusprige Brötchen

Am nächsten Tag ging es Mathilde besser. Sie hatte am Morgen bereits in ihrem Laufbuch gelesen und wollte die erste Übung auf dem Weg zum Bäcker ausprobieren. Es sollte knusprige Brötchen geben. So feierten Mathilde und ihr Onkel besondere Anlässe.

Im Buch über das Laufen stand, dass man durch die Nase ein- und durch den Mund ausatmen soll. Auf diese Weise wird die Luft gereinigt, befeuchtet und vorgewärmt.

„Wahrscheinlich ging es mir deswegen gestern nicht gut. Ich hätte besser atmen und gleichmäßiger laufen sollen“, überlegte Mathilde. Wie automatisch ging sie in ihr Zimmer, nahm das Notizbuch und notierte auf Seite 7:

Laufe gleichmäßiger.
Achte auf deinen Atem. (Nase ein, Mund aus)

Sie schnappte sich das Geld vom Küchentisch, sprang die Treppenstufen hinunter und rannte los. Es war kalt und man sah die kondensierende Luft beim Ausatmen. Mathilde lief am Friedhof vorbei, am Spielplatz, am Kiosk und erreichte die Bäckerei. Es war ein guter Lauf und die Übung aus dem Buch war hilfreich. Als Mathilde die Tüte mit den Brötchen entgegennahm, freute sie sich schon auf das knusprige Marmeladenbrötchen und die heiße Schokolade.

Ihr Onkel setzte den Kaffee auf, als sie die noch warme Tüte auf den Tisch legte. Sie rutschte auf der Sitzbank an ihren Platz, wo auf ihrem Frühstücksbrett ein in Packpapier eingewickeltes Paket lag.

„Guten Morgen. Warum bist du so früh zum Bäcker aufgebrochen? Oder warst du im Nachbardorf zum Brötchen holen?“

Mathilde lachte und erklärte, dass sie trainiert habe und sie einen längeren Umweg zum Bäcker gelaufen sei. Sie legte die Semmel in den Korb und rief: „Oh, ein Paket! Ist das etwa für mich?“

„Ja, du Blitzmerkerin. Es ist ein Beitrag für dein Projekt „Schwebende Perücke“.
„Wehendes Haar, Onkel, wehendes Haar!“, sagte Mathilde.
„Ach so, ja. Nun pack schon aus.“

Behutsam und in Zeitlupe öffnete sie das Päckchen, und eine Stoppuhr kam zum Vorschein. Sie hatte einen grünen, roten und einen schwarzen Knopf sowie eine Anzeige bis zur Hundertstel-Sekunde.

„Super. Was für eine tolle Uhr. Vielen Dank, danke.“

„Schön, dass sie dir gefällt. Sie funktioniert aber noch nicht. Ich muss erst neue Batterien besorgen. Die Uhr habe ich übrigens von meinem Vorgesetzten, dem ich erzählt hatte, dass du gerne läufst. Er war selber ein leidenschaftlicher Läufer und er hat mich gebeten, sie dir als Talisman für dein Lauftraining zu schenken.“

Den ganzen Tag trug Mathilde die Stoppuhr um den Hals. Erst abends nahm sie die Uhr ab, um die Batterien einzulegen, die ihr Onkel besorgt hatte.

„Was für eine schöne Uhr“, rief der Käfer von der Deckenlampe.

„Ich musste dich besuchen, weil ich es nicht versäumen will, dir zur Mathematikzensur zu gratulieren. Überaus beeindruckend.

Auch deinen Mut, deine Ideen an die Klassenkameraden weiterzugeben, finde ich bemerkenswert."

Der Käfer flog Kreise im Zimmer. Mathildes Augenlider wurden schwerer und schwerer. Als sie fast eingeschlafen war, hörte sie noch leise: „Was ist mit deinem großen Ziel?"

16. Antworten in Schränken

Sieben ihrer Klassenkameraden saßen vor ihr und hörten gespannt zu. Mathilde erzählte von den ausgeliehenen Büchern, der Idee mit der Eieruhr, den täglichen Übungseinheiten und dem Addieren der Übungszeiten. Sie berichtete von der wachsenden Sicherheit und dass es zuweilen Spaß machte, für Mathe zu üben, was ihr vor kurzem noch unglaublich erschien. Die Zuhörer merkten, dass Mathilde stolz war, sie trug ihren Kopf aber nicht zu hoch.

Auf dem Weg nach Hause dachte sie über die Frage des Käfers nach – „Was ist mit deinem großen Ziel?"

Nach dem Mittagessen waren die Hausaufgaben flugs erledigt. Kurz darauf saß Mathilde am Findling, durchblätterte ihr Notizbuch und dachte über ihr Ziel mit dem eigenen Pferd nach.

„Will ich das? Kann ich meine Angst vor dem Fallen überwinden? Ist das mein Ziel? Kann ich das schaffen? Will ich das wirklich?", überlegte Mathilde. Ihre Gedanken drehten sich im Kreis.

„Wo bleiben meine Ratgeber, wenn ich sie am nötigsten brauche? Andererseits haben sie mir schon viel geholfen. Vielleicht wollen sie, dass ich die Lösung selber finde. Oder sie müssen sich um andere kümmern."

Ziellos blätterte sie in ihrem Notizbuch, sprang plötzlich auf und umrundete mehrmals den Findling. Es wollte ihr weder einfallen, ob es das richtige Ziel war, noch, wie sie es herausfinden könnte. Müde, leicht verärgert und hungrig machte Mathilde sich auf den Heimweg. In ihrem Kopf schwirrten Fragen wild umher.

Unter ihrem großen Ziel auf Seite 1

Wenn ich 15 werde: An meinem 15. Geburtstag habe ich mein eigenes Pferd. Ich kann für mein Pferd sorgen, auf ihm reiten und kann es irgendwo unterbringen (Stall und Wiese). Mein Pferd heißt Wüstenwind.

notierte sie:

Will ich das wirklich?
Kann ich meine Angst vor dem Fallen überwinden?
Ist das mein Ziel?
Kann ich das schaffen?
Gibt es ein noch besseres Ziel?
Welches könnte das sein?

Die Antworten fielen ihr zwar jetzt noch nicht ein, aber sie ahnte, dass es hilfreich war, die Fragen zu notieren. Eventuell brauchte sie nur ein wenig mehr Zeit.

Mathilde wollte die Zeit des Nachdenkens nutzen und machte sich daran, Geschenke einzupacken. Vergnügt pfiff sie Weihnachtslieder, denn sie liebte es, Gegenstände kunstvoll in Papier einzuhüllen. Gerade gestern hatte sie ihrem Onkel erklärt, dass ein Weihnachtsbaum über schöne Pakete wachen müsse.

Auch wenn sie Geld sparte, war sie nicht geizig gewesen. Ihr Onkel, Tiberius, Frau Klawitsch, Marei, Gregor … alle bekamen ein Geschenk und ihre selbstgebackenen Kekse.

Mathilde dachte über das vergangene Jahr nach, über die notierten Ziele, die Ideen, ihre WIEs sowie ihre aufgeschriebenen Aufgaben. Viel war passiert und einiges hatte sie erlebt.

„Ich kann schon ganz gut pfeifen. Meine Mathematikzensur habe ich verbessert und viel gelernt“, überlegte sie, während das letzte Paket mit einer roten Schleife verziert wurde.

„Außerdem habe ich neue Freunde. Marei, Gregor, Frau Klawitsch, Ipo …“ Während sie die Freunde aufzählte, nahm sie das jeweilige Geschenk und packte es in eine Kiste.

Ferner sollten ihre Ratgeber jeder ein Geschenk bekommen. Mathilde wuchtete den Pappkarton zum Schrank und schmunzelte. Sie dachte an Tiberius, der jedes Mal seinen Schrank aufräumte, wenn er schlechte Laune hatte.

Der Karton passte nicht mehr in den Schrank. Er war zum Bersten vollgestopft. Kurz entschlossen räumte sie ihn auf, obwohl sie keine schlechte Laune hatte.

Nach einer Stunde schob sie zufrieden den Karton in den Schrank, schloss die Schranktür und ging pfeifend zum Fenster. Der Refrain des gepfiffenen Liedes passte gut zu dem, was sie sah, denn es hatte angefangen zu schneien – ganz leise.

17. Ein guter Start

Auf dem Weg zum Treffen für das Projekt „Wehendes Haar“ machte Mathilde einen Umweg, da sie Frau Günes selbstgebackene Kekse bringen wollte.

„Vielen Dank. Ich freue mich auf meinen Tee mit deinem Gebäck. Besuch uns mal wieder“, rief Frau Günes ihr aus dem Fenster nach.

„Wie man sich doch über Kekse freuen kann“, überlegte Mathilde, als sie zu Gregor lief. Sie rannte gleichmäßig und atmete durch die Nase ein und den Mund aus. Bei Klapps angekommen, klopfte sie an Gregors Fenster. Er hatte sie gebeten, nicht zu klingeln, da seine Mutter krank im Bett lag.

„Du wirst nicht glauben, was ich herausgefunden habe“, rief Marei, die schon vor ihr eingetroffen war, ihrer Freundin zu und winkte mit einem gelben Faltblatt. Mathilde las laut die Überschrift vor: „Hippotherapie“.

Atemlos berichtete das Mädchen im Rollstuhl, und ihre Augen strahlten mit der Dezembersonne um die Wette. Gregor und Mathilde erfuhren, dass in der Hippotherapie körperlich und geistig behinderte Menschen krankengymnastische Behandlungen erhalten, und zwar auf dem Rücken von Pferden.

„Das ist ja toll!“, rief Mathilde.

„Das Problem ist nur, dass es so etwas in unserer Nähe nicht gibt und es viel Geld kostet“, sagte Marei. „Aber ich bin nicht traurig, weil ich nun weiß, dass es möglich ist.“

Sie holten ihre Unterlagen, Bücher und Schreibwerkzeuge hervor, denn jeder sollte berichten, was er für das Projekt getan hatte. Marei erzählte von ihrem Telefonat mit dem Arzt, der ihr das Faltblatt zugesandt hatte. Ihm habe die Idee mit der Reittherapie gut gefallen, da sie eine hervorragende Ergänzung zu den täglichen Übungen wäre.

„Das von den Kosten und der weiten Fahrt habe ich ja schon erzählt“, schloss Marei ihren Bericht.

Gregor berichtete, dass er über das Radfahren gelesen hatte. Er wollte ein weiteres Buch besorgen und mehr erfahren. Mathilde notierte das, um Gregor eventuell daran zu erinnern. Das Rennrad wollte Gregor sich von seinem Cousin ausleihen. Er wusste, dass es bei ihm nur im Schuppen herumstand.

„Du wolltest auch Frau Klawitsch fragen“, sagte Mathilde. Gregor nickte und erklärte, dass er am nächsten Tag mit dem Fahrrad zu ihr fahren wolle.

Nun war Mathilde an der Reihe. „Tiberius empfiehlt uns, auf die Reihenfolge der Aufgaben zu achten. Er sagte, dass wir erst die Socken anziehen sollen und dann die Schuhe.“ Alle mussten lachen.

„Das kann ich mir gut merken. Ich sehe es als Bild vor mir. Socken, die über Schuhe gezogen wurden“, gluckste Gregor.

Mathilde berichtete vom Treffen mit Tiberius, ihrer neuen Stoppuhr, den Übungsläufen und dem Buch über Lauftraining.

„Ihr werdet nicht glauben, was ich gelesen habe.“ Mathilde schlug das Buch auf und deutete auf einen Beitrag zum Thema Sport und

Asthma. „Hier wird von Weltklasse-Sportlern berichtet, die Asthma haben. Hier Gregor. Ich habe die Seite für dich kopiert."

„Das ist ja spitze. Klasse. Oh ja, danke. Das wird helfen, meinen Eltern die Sache mit dem Rennrad zu erklären", sagte Gregor.

Bevor die drei Freunde sich trennten, zeigte Mathilde, was sie bis jetzt protokolliert hatte.

Seite 9

Projekt „Wehendes Haar"

Sammeln von Informationen

o	***Tiberius um Rat und Ideen bitten***	***(Mathilde)***	✓
o	***Herrn Mettmann fragen***	***(Mathilde)***	***nT***
o	***Mathildes Onkel fragen***	***(Mathilde)***	✓
o	***Buch über Rennradfahren lesen***	***(Gregor)***	✓
o	***Weiteres Buch über Radfahren***	***(Gregor)***	***nT***
o	***Frau Klawitsch fragen***	***(Gregor)***	***nT***
o	***Buch über Laufen besorgen/lesen***	***(Mathilde)***	✓
o	***Marei liest Mathildes Pferdebuch***	***(Marei)***	
o	***Arzt fragen, ob so etwas möglich ist***	***(Marei)***	✓

Betroffene informieren/Erlaubnis einholen

o	***Gregors Mutter wegen Asthma fragen***	***(Gregor)***
o	***Mareis Eltern um Erlaubnis bitten***	***(Marei)***

Aktionen/Aufgaben/Maßnahmen

o	***Rennrad ausleihen (Cousin)***	***(Gregor)***

(nT bedeutet – bis zum nächsten Treffen machen)

Auf die Reihenfolge der Aufgaben achten! (Erst die Socken und dann die Schuhe anziehen!)

Eigentlich waren alle zufrieden mit dem Start.

„Es macht Spaß, etwas im Team zu bewegen“, sagte Gregor als sie das Treffen beendeten.

„Ja, stimmt, und wir werden das sicher schaffen“, rief Marei.

„Hm, wir werden sehen“, brummte Mathilde und packte ihre Utensilien in die Jutetasche.

18. Spazierengehen

Rosei war heute der Zwischenstopp für Mathildes Lauftraining. Ihre neue Atemtechnik machte sich schon bemerkbar, denn schneller als sonst war sie bereit, die nächste Etappe zu starten.

Sie ging die letzten 50 Meter zum Findling und lockerte Arme und Beine. Sie war so vertieft, dass sie nicht bemerkte, dass Herr Mettmann urplötzlich vor ihr stand. Mathilde zuckte zusammen, gerade hatte sie noch darüber nachgedacht, dass sie ihn um Rat fragen wollte. Und jetzt stand er vor ihr.

„Huch. Hab ich mich erschrocken. Guten Tag, Herr Mettmann."

„Wieder im Training, Mathilde?"
„Ja, ich dachte mir, wenn ich gerne laufe, will ich es auch so gut wie möglich können."
„Eine ausgezeichnete Idee", sagte Herr Mettmann, während er an einem Zaunpfahl rüttelte.
„Sie reiten heute ja gar nicht."

„Ich kontrolliere die Zäune, und das geht zu Fuß besser. Manchmal wünsche ich mir aber doch, mein Pferd wäre dabei, denn ich bin seit zwei Stunden auf den Beinen. Jedenfalls wird mir das Abendbrot heute noch besser schmecken, und mein Pferd hat einen Tag Ruhe vor mir".

„Ach so!"

„Du siehst aus, als wolltest du mich was fragen", sagte Herr Mettmann.

Mathilde nickte und erzählte von „Wehendem Haar". Als sie fertig war, rieb Herr Mettmann sich am Kinn. „Das klingt nach einem interessanten Projekt und ich freue mich, dass ihr denkt, ich könnte helfen“. Er zog ein schwarzes Büchlein aus seiner Jackentasche und notierte etwas.

„Ich denke darüber nach, und was gibt es dazu Besseres als einen Spaziergang durch die Natur. Komm am Samstag zum Reiterhof, dann habe ich sicher ein oder zwei Ideen.“

„Oh, danke. Ich komm ganz bestimmt am Samstag. Jeder gute Rat hilft. Ich bin gespannt, ob wir das hinbekommen, denn Marei und Gregor sind so begeistert und sind sicher, dass wir das schaffen.“

„Und du glaubst es nicht, Mathilde?“
„Na ja, nicht ganz. Starten kann jeder, aber ob wir durchhalten?“
„Ja, das sind berechtigte Zweifel. Aber ihr habt einen Vorteil als Team“, sagte Herr Mettmann.
„Ja?“
„Ja, ihr helft euch im Team und habt außerdem ein Vorbild.“
„Wen?“
„Dich, Mathilde, dich!“, sagte Herr Mettmann und setzte seine Kontrolltour fort.

19. Ein Blick zurück

„Morgen ist es endlich soweit – Heiliger Abend“, überlegte Mathilde, während sie den Frühstückstisch deckte. Es war Samstag und sie wollte Herrn Mettmann besuchen. Zuvor musste sie aber noch zu Tiberius.

„Guten Morgen, Mathilde. Bin gleich bei dir“, rief ihr Onkel durch die halboffene Küchentür.

„Er holt bestimmt die Zeitung“, überlegte Mathilde. Sie musste ans Zeitungsaustragen bei dieser Kälte denken und es fröstelte sie bei dem Gedanken. Sie selber war erst wieder im Frühjahr dran. Im Winter übernahm das Austragen ein älterer Herr, der sonst als Bademeister im Freibad arbeitete.

Beim Frühstück plante sie mit ihrem Onkel den 24. Dezember. Nachmittags in die Kirche gehen und anschließend zum Weihnachtssingen bei Frau Klawitsch. Als Festessen hatte Mathilde sich wie immer Würstchen und Kartoffelsalat gewünscht. Anschließend am Christbaum sitzen und Weihnachtslieder pfeifen. Dann Bescherung.

Nach dem Frühstück saß Mathilde am Schreibtisch und befestigte einen Zweig auf dem Geschenk für Tiberius. Aus dem Augenwinkel bemerkte sie, dass sich etwas auf dem Nachttisch bewegte.

Bevor sie noch ihren Kopf drehen konnte, tönte es: „Guten Taaag. Wie ich sehe, packst du Geschenke für deine Freunde?“

Dann sagte die Schnecke lange Zeit nichts. Sie schien auf das Notizbuch zu blicken. Mathilde wurde indes nicht ungeduldig, sondern wartete lächelnd.

„Auch so kann man fraaagen", sagte die Schnecke. „Aufmerksame Augen, ein Notizbuch und lächelnd warten, während man schweigt und fragend schaut. Du hast viel gelernt, einiges ausprobiert und erreicht. Du hast Fehler gemacht, so manche deiner Schwächen kennen gelernt und vieles in deinem Buch notiert." Wieder folgte eine Pause.

„Von Zeit zu Zeit ist es gut, zurückzublicken. Was habe ich gelernt und erreicht? Was war gut und was nicht? Welche wichtigen Personen begegneten mir? Das sind hilfreiche Fragen.

Vieles hast du bereits in deinem Notizbuch festgehalten. Schreib die Antworten stichwortartig auf, um auf einer Seite einen Rückblick zu erhalten."

Mathilde legte der Schnecke ihr Geschenk hin.

„Danke. Leider fehlen mir die Daumen und auch die anderen Finger. Könntest du das Geschenk bitte für mich öffnen?"

Mathilde öffnete die Schachtel und es kamen saftige Salatblätter zum Vorschein, die ihr der Lebensmittelhändler überlassen hatte. Während die Schnecke sich über die Blätter hermachte, notierte sie die ersten Antworten auf die Fragen.

Seite 10

Rückblick

Schreibe die Antworten stichwortartig auf, um auf nur einer Seite einen Rückblick zu erhalten.

Was habe ich gelernt und was erreicht?
- ***Ziele und Werte sind wichtig***

- ***kann pfeifen, habe meine Mathematikzensur verbessert***

Was war gut und was war nicht so gut?

Welche wichtigen Personen sind mir begegnet?
- ***Marei, Gregor, Frau Klawitsch mit Ipo, Frau Günes, Tiberius, Sandra, Herr Mettmann***

Weitere Fragen werden mir einfallen, wenn ich meine Antworten notiere.

Mathilde beobachtete die Schnecke, der die Blätter zu schmecken schienen. Draußen fing es an zu schneien, als ihre Augenlider sich allmählich schlossen und sie im Sitzen einschlief.

20. Der seekranke Matrose

„Buon Natale!“, rief Tiberius.

„Wahrscheinlich heißt das ‚frohe Weihnachten‘. Die wünsche ich dir auch, Tiberius.“ Sie setzte sich auf die Holzbank, auf der ein Schafsfell lag.

„Ja, so heißt es. Du kannst schon gut Italienisch. Darf ich dir einen Holunderbeerpunsch einschenken?“ Tiberius deutete auf den Topf auf der Kochplatte. Mathilde nickte und schaute sich im geschmückten Kiosk um. Zwei handgroße Rentiere, eine blinkende Lichterkette und ein Weihnachtsmann, der tanzen konnte, waren die Hauptattraktionen der Dekoration. Tiberius reichte seinem Besuch den dampfenden Punsch und setzte sich auf seinen Schemel.

„Morgen ist Heiliger Abend“, sagte Mathilde und nippte vorsichtig an ihrem Getränk.

Tiberius nickte und rührte seinen Punsch um. Eine ganze Zeit war lediglich das Ticken des Weckers neben der Registrierkasse zu hören. Sachte rüttelte der Wind am Kiosk und es begann zu schneien.

„Ich hoffe, er bleibt liegen“, sagte Tiberius. „Die Welt wirkt so friedlich und alles ist still, wenn der Schnee das Land bedeckt.

Mathilde nahm einen Schluck vom Holunderbeerpunsch und schaute den Schneeflocken beim Fallen zu.

„Mich lässt das Gefühl nicht los, dass du etwas auf dem Herzen hast. Raus damit, junge Dame.“

„Äh, ja. Weißt du, ... Onkel und ich dachten ..., dass ich, also wir, würden gerne mit dir den Heiligen Abend feiern. Onkel sagte, dass du nein sagen wirst, weil du an diesem Abend allein sein möchtest, aber ich wollte es wenigstens versuchen. Wer hört uns sonst beim Pfeifen der Weihnachtslieder zu? Wer sieht außer uns den Weihnachtsbaum, den ich geschmückt habe? Und was soll aus den vielen Würstchen und der großen Schüssel Kartoffelsalat werden, wenn du uns nicht besuchst?“, sagte Mathilde. Sie war aufgesprungen und gestikulierte wie eine Italienerin.

Tiberius schüttelte schweigend den Kopf, während er aus dem Fenster schaute. Dann lachte er und sagte: „Aber ich habe gar kein Gedicht auswendig gelernt.“

Mathildes Lachen füllte den Kiosk. Als sie erneut Luft bekam, sagte sie: „Du hast ja noch bis morgen Abend Zeit. Wer Italienisch lernt, der kann auch ein Gedicht lernen.“

Sie tranken den Rest des Holunderbeerpunsches und schauten noch eine Weile den tanzenden Schneeflocken zu. Dann brach Mathilde zum Reiterhof auf.

Der Schnee blieb liegen und Mathilde war froh, als sie den Reiterhof erreichte, denn der leichte Schneefall hatte sich zu einem wirbelnden Schneetreiben entwickelt. Die schwere Tür des Herrenhauses öffnete sich knarrend und die Enkeltochter von Herrn Mettmann stand winkend in der Tür.

„Komm schnell. Mein Opa wartet schon.“

Sie nahm Mathilde die Jacke ab und reichte ihr Filzschuhe, die sie über ihre Laufschuhe ziehen sollte. Dann führte sie Mathilde ins Arbeitszimmer.

Der hohe Raum war gefüllt mit tausenden von Büchern. Drei lederne Ohrensessel standen im Halbkreis vor dem riesigen Fenster, durch das man die Felder und den Hof überblickte. Ein Feuer knisterte im Kamin, über dem ein Ölgemälde hing. Ein Frachtschiff mit rauchendem Schornstein stampfte durch stürmische See.

„Guten Tag, Mathilde. Da hast du dir das richtige Wetter ausgesucht, um mich zu besuchen“, sagte Herr Mettmann, der ein Tablett balancierte. „Ich habe uns einen Tee machen lassen, und Kekse konnte ich auch organisieren. Lass uns am Fenster sitzen. Oder ist dir kalt? Dann setzen wir uns vor den Kamin.“

Aber Mathilde war nicht kalt und so durfte sie im mittleren Ohrensessel Platz nehmen. „Als würde jemand einen in den Arm nehmen“, dachte Mathilde und rutschte hin und her, um die ideale Sitzposition zu finden.

„Dies ist meine Ideenecke“, erklärte Herr Mettmann und schenkte Mathilde einen Tee ein. „Hier lese ich, mache Notizen und manchmal schaue ich nur auf die Felder. Meine Seele kommt zur Ruhe und ich sehe die Dinge klarer. Noch ist mir die zündende Idee zu eurem Projekt ‚Wehendes Haar‘ nicht gekommen. Vielleicht fällt uns gemeinsam etwas ein. Was denkst du?“

„Ja, mal sehen. Dies ist die Skizze vom Bild, das Gregor gemalt hat. Es brachte uns erst auf die Idee. Außerdem wollte ich fragen, warum Sie uns helfen. Sie haben doch einen großen Reiterhof und jeden Tag viel zu tun“, sagte Mathilde.

Eine ganze Weile betrachtete Herr Mettmann die Skizze. Er stand auf und schaute aus dem Fenster. Dann ging er zum Schreibtisch und holte ein gerahmtes Bild, das neben dem goldenen Sextanten stand.

Er gab Mathilde das Bild und setzte sich. Auf dem Schwarzweißbild sah man einen Jungen in Matrosenkleidung, der ein kleines Mädchen an der Hand hielt.

„Das sind meine Schwester und ich. Sie war als Kind sehr krank. Deswegen zogen wir hierher, hier gab es einen Arzt, der ihr helfen konnte. Heute ist sie gesünder als ich und wohnt zwei Ortschaften weiter.

Für mich war es nicht leicht wegzuziehen, denn ich liebte das Wasser und die Schifffahrt. Jedes Wochenende fuhr ich mit dem Fahrrad zum Hafen und winkte den ein- und auslaufenden Schiffen zu. Kapitän wollte ich werden. Dabei werde ich bereits seekrank, wenn ich mit einem Schlauchboot über den See paddel.“

Mathilde musste lachen und verschluckte sich. Der Tee verteilte sich über Pullover und Hose. Sie wollte vermeiden, dass der Ohrensessel nass wurde. Herr Mettmann gab ihr sein Taschentuch und Mathilde tupfte sorgfältig den Tee von ihrer Kleidung.

„Um die Geschichte abzuschließen: Nun lebe ich hier, weit entfernt vom Meer und bin Kapitän auf einem Reiterhof. Ich werde bei meiner Arbeit nicht seekrank und bin bei meiner Familie. Was will ich mehr?“, sagte Herr Mettmann und schenkte Tee nach.

„Du fragst dich, warum ich dir das erzähle. Oder?“

Mathilde nickte.

„Als Kind hatte ich ebenfalls einen Traum, den ich heute nach jeder Menge Umwege lebe. Viele Menschen halfen mir auf meinem Weg. Manche fragte ich, manche taten es, weil sie mein Ziel kannten.

Außerdem habe ich als Kapitän dafür zu sorgen, dass ich mein Wissen und meine Erfahrungen weitergebe und meiner Mannschaft beim Lösen von Problemen helfe. Du gehörst zum erweiterten Kreis der Mannschaft und hast mich gefragt, ob ich dir bei einem Problem helfe."

Mathilde notierte. Das mehrmalige dumpfe Dröhnen der großen Standuhr erinnerte sie daran, dass es bald dunkel wurde. Es war Zeit zu gehen.

„Das ist furchtbar nett von Ihnen, Herr Mettmann. Wir werden bestimmt mit Ihrer Hilfe eine Lösung finden. Wenn ich darf, bringe ich das nächste Mal Marei und Gregor mit."

Herr Mettmann lud sie und ihre Mannschaft für den ersten Samstag im neuen Jahr ein. Sie sollten sich Gedanken über eine Lösung machen und auch verrückte Ideen mitbringen.

Sie verabschiedete sich, wünschte der Familie Mettmann ein frohes Fest und einen guten Rutsch ins neue Jahr und lief durch den knirschenden Schnee nach Hause.

„Verrückte Ideen mitbringen. Da konnte Herr Mettmann sicher sein", überlegte Mathilde und schloss die Wohnungstür auf, wo es nach Gewürzen und Kerzen roch.

21. Schöne Bescherung

Die Kantine des Seniorenwohnheims hatte sich in einen prachtvollen Saal verwandelt. Er war liebevoll geschmückt, überall brannten Kerzen und aus der Küche strömte der Geruch von Weihnachtsgebäck. Nach dem Gebet gab der Pfarrer Frau Klawitsch das Wort. In festlichem Kleid erklärte sie mit klarer Stimme den Ablauf und startete dann mit einem Gesangssolo.

Der Kloß in Mathildes Hals wurde größer und die Augen feuchter. Was für ein wunderschönes, „herzschmerzendes“ Lied. Es musste ein italienisches sein, da ihr einige Worte bekannt vorkamen. Sie war begeistert davon, was jemand mit seiner Stimme alles machen konnte, wenn er viel übte und gute Lehrer hatte.

Es war ein besonderes Weihnachtssingen und alle schwärmten von Frau Klawitschs Stimme. Gegenseitig wünschte man sich ein frohes Fest und einen guten Start ins neue Jahr, um dann nach Hause aufzubrechen. Marei, Gregor und Mathilde verabredeten sich für den zweiten Weihnachtsfeiertag, um am Projekt „Wehendes Haar“ weiterzuarbeiten.

Tiberius und der Onkel von Mathilde gingen gemächlich nach Hause. Mathilde lief voraus, um Kaffee zu kochen. Doch das war nur die halbe Wahrheit. Sie wollte Rosei besuchen, um ihm frohe Festtage zu wünschen. Wenig später stand sie beim Findling und strich über seine kalte Oberfläche. „Das darf ich keinem erzählen“, überlegte Mathilde. „Einem riesigen Stein ein frohes Fest wünschen – aber vielleicht ist das gar nicht so verrückt. Vielleicht haben andere Menschen auch Geheimnisse, kraftspendende Orte oder Ratgeber, über die sie nicht sprechen.“

Bei Kerzenschein und weihnachtlicher Musik saßen Tiberius, Mathilde und ihr Onkel zusammen und erzählten Geschichten. Die

Männer berichteten, wie das Weihnachtsfest früher gefeiert wurde.

„Nein, nicht besser oder schlechter. Es war anders. Viele, die ich kenne, fanden Weihnachten früher schöner, – was aber daran liegen könnte, dass man jünger war. Als junger Mensch nimmt man die Welt anders wahr, und im Laufe der Zeit verklärt sich das erinnerte Bild. Das Schlechte wird verdrängt und das Gute in Erinnerung behalten und gerne etwas ausgeschmückt“, sagte Tiberius.

„Auf jeden Fall ist es schön, dass du mit uns feierst“, sagte Mathilde und schenkte Tiberius Kaffee nach. Die Zeit verging im Nu und bald stand das Festessen auf dem Tisch. Die Würstchen mit Kartoffelsalat kamen bei Tiberius gut an. Es schmeckte allen ausgezeichnet, was fraglos ebenso an der freundlichen Gesellschaft lag.

Nach dem Essen war es Zeit für Weihnachtslieder. Man konnte mit Fug und Recht behaupten, dass Mathilde ihr Ziel erreicht hatte. Sie pfiff mit ihrem Onkel und Tiberius ein Lied schöner als das andere. Es bereitete den Pfeif-Musikern so viel Spaß, dass sie miteinander zahlreiche Zugaben pfiffen.

Danach war es Zeit für die Bescherung. Reihum packten sie die Geschenke einzeln und langsam aus. Mathilde schenkte ihrem Onkel ein Taschentuch und eine Flasche Eau de Toilette. Er hatte sich für einen Tanzkurs angemeldet und seine Nichte war der Meinung, dass die Geschenke hilfreich seien.

Tiberius bekam einen italienischen Lernkalender. Jeden Tag konnte er etwas Neues dazulernen – mal ein Wort, mal ganze Sätze und manchmal ein Sprichwort. Tiberius war begeistert. Auch die Tüte mit Keksen, die Mathilde und ihr Onkel nach einem italienischen Rezept gebacken hatten, war ein voller Erfolg.

Nun war Mathilde an der Reihe. Ihr Onkel verließ die Stube und man hörte ihn etwas aus dem Treppenhaus holen. Zurück kam er mit einem langen Paket, das in Zeitungspapier eingepackt war, und zwar nur in Sportseiten.

Mathildes braune Augen wurden noch größer, als sie die Langlaufskier in Händen hielt. Wunderschöne Skier, weiße Stöcke und blaue Schuhe lagen kurze Zeit später unter dem Christbaum. Sie wusste nicht, wie ihr geschah. Als sie die grüne Mütze mit Zöpfen, die Tube Wachs und das Buch über Langlaufen von Tiberius auspackte, war Mathilde nicht mehr zu halten. Sie fragte nicht mal um Erlaubnis, sondern zog flugs die Schuhe und ihre warme Jacke an, nahm Skier und Stöcke, setzte die Mütze auf und sprang die Treppe hinunter. Die beiden Männer hatten damit gerechnet und sich vorher mit Taschenlampen ausgerüstet. Sie begleiteten Mathilde zum alten Fußballplatz, wo sie das Geschenk ausprobierte.

Die Heilige Nacht war klar, aber Mathilde fror schon lange nicht mehr, denn sie war verliebt. Verliebt in ihr Geschenk.

22. Seite 14

„Guten Morgen, Mathilde. Ich hoffe, du bist gut ins neue Jahr gerutscht“, rief eine Stimme vom Nachtschrank.

Mathilde bekam kaum die Augen auf, aber nichtsdestotrotz huschte ein Lächeln über ihr Gesicht, denn sie freute sich über ihren Besuch.

„Das kann ich nicht behaupten. Seit dem ersten Weihnachtstag liege ich im Bett, und wir wollten doch am Projekt arbeiten. Übermorgen sollen wir Herrn Mettmann unsere Ideen vorstellen“, sagte Mathilde und nieste, dass ihr Tränen in die Augen schossen.

„Das ist schade. Dein Ärger sollte aber nicht länger anhalten als nötig, sonst bist du nicht nur krank, sondern auch noch ärgerlich. Das hilft weder beim Gesundwerden noch beim Finden von Ideen.“

Mathilde beobachtete den Käfer, wie er den Lampenschirm hoch kroch. Ihre roten Augen wurden müder und sie schlief ein. Als sie aufwachte, war der Käfer nicht mehr da, aber dafür ging es ihr ein wenig besser. Sie starrte an die Decke und dachte über ihr Ziel mit dem Reiten nach. Wie sie jetzt darauf kam, wusste sie nicht. „Nein, das ist nicht mein Ziel. Natürlich werde ich meine Angst vor Pferden überwinden. Auch die Sache mit dem Fallen krieg ich hin. Aber …“, überlegte Mathilde und blickte auf den Lampenschirm.

Wie einen Film ließ sie das vergangene Jahr vorbeiziehen. Pfeifen konnte sie und ihre Mathematikzensur hatte sie verbessert. Was hatte ihr noch im letzten Jahr wirklich Freude gemacht? Was konnte sie gut? Was würde sie am liebsten können oder erreichen?

„Na klar. Natürlich. Das war es – wieso bin ich darauf nicht früher gekommen. Ja genau, das ist es – Laufen! Aber was soll das für ein Ziel sein? Das ist doch nichts Besonderes. Das ist doch nicht schwer. Oder?“, flüsterte Mathilde zum Lampenschirm und schlief erneut ein.

Kurze Zeit später weckte ihr Onkel sie mit einer Tasse Tee. Er gab Mathilde die Tageszeitung und bat sie, sich Seite 14 anzuschauen. Mathilde schlürfte den Tee und suchte auf der besagten Seite nach etwas Interessantem. Was sollte es sein? Was könnte da stehen? Sie suchte mit Zeigefinger und Augen die Seite ab und da, da stand es. Das musste er gemeint haben. Laut las Mathilde vor:

„Neue Leichtathletikgruppe lädt ein zum Tag der offenen Tür“.

23. Die Squaw und der Polizist

Seit einer Woche ging Mathilde wieder zur Schule, und das Treffen mit Herrn Mettmann sollte am Wochenende nachgeholt werden. Am Nachmittag war sie mit Marei und Gregor verabredet. Während sie das Geschirr abwusch, machte sie Übungen für Mathematik. Für den Lernzettel hatte ihr Onkel eine Klammer am Schrank angebracht. Hier konnte Mathilde die Seite bequem befestigen. Die Klassenarbeit war nicht mehr fern und morgen würde sie zum ersten Mal zum Leichtathletiktraining gehen. Eine volle Woche – eine spannende Woche lag vor ihr.

Auf dem Weg zum Treffen dachte Mathilde darüber nach, was zu tun war, um Gregors Bild zum Leben zu erwecken. Ihr fiel nichts Gutes ein, was sich in leisem Fluchen äußerte.

„Es freut mich, dass du wieder gesund bist!“, sagte Gregors Mutter. Marei war schon da, und so tauschten die Drei erst einmal ihre Weihnachts- und Silvestererlebnisse aus.

„Jetzt sollten wir aber anfangen“, sagte Gregor.

Die Freunde begannen mit dem gemeinsamen Plan. Sie besprachen, was jeder getan hatte und welche Ergebnisse es gab. Viel kam nicht zusammen. Marei hatte das Pferdebuch durchgelesen. Mathilde hatte ein weiteres Buch über Laufen besorgt und sich, was nicht auf der Liste stand, zum Leichtathletiktraining angemeldet. Gregor erzählte von ersten Fahrversuchen auf dem Rennrad, was bei Schnee und frostigen Temperaturen nicht einfach war.

Aus diesem Grund nahmen sie in den Plan auf, dass Gregor einen Fahrradheimtrainer organisierte. Ansonsten blieb es bei den Aufgaben, und sie sollten zuerst erledigt werden, bevor neue dazu kämen.

„Ich habe für Herrn Mettmann eine Skizze von unserem Projekt ‚Wehendes Haar‘ angefertigt“, sagte Gregor und legte die besonders schöne Skizze auf den Tisch.

„Salame di Cioccolato! Da er Kekse mag, habe ich ihm italienische Schokoladen-Salami-Kekse gebacken.“

„Was? Salami mit Schokolade?“, rief Gregor.
„Nein, die nennt man nur so, weil sie aussehen wie Salamischeiben“, erklärte Mathilde.
„Ach so.“

„Aber Herr Mettmann bat uns, mit Ideen zu kommen – gerne auch verrückten. Da helfen Kekse nur wenig“, sagte Mathilde.

Nach langem Schweigen, etlichen Blicken auf Kekse und Skizze sprang Gregor auf. Er lief zum Schrank neben seinem Bett und kramte hektisch in den Schubladen. Zurück kam er mit einem reitenden Indianer, einer Squaw sowie einem Polizisten auf einem Motorrad. Er setzte sich und platzierte die Figuren in der Mitte des Tisches.

Marei und Mathilde ahnten, was er meinte. Nach einer weiteren Pause rutschte Mathilde vom Stuhl und stellte das Schiff, das auf dem Wandregal stand, neben die Figuren. „Herr Mettmann wollte immer Kapitän werden. Er liebt Schiffe.“

Marei nahm einen Geldschein aus ihrer Börse und legte ihn dazu. „Wir brauchen Geld für unser Projekt, und Herr Mettmann muss Geld verdienen.“

Das Stillleben gefiel den Dreien, aber so recht weiter kamen sie nicht. Gegen fünf Uhr brachen sie das Treffen ab. Am Samstag, also direkt vor dem Besuch bei Herrn Mettmann, wollten sie sich erneut zusammensetzen.

Der Schnee knirschte unter den Rädern des Rollstuhls. Auf ihrem Weg nach Hause ging den Freundinnen das Stillleben nicht mehr aus dem Kopf. Konnte es irgendetwas mit der Lösung ihres Problems zu tun haben? War es ausschließlich verrückt oder auch hilfreich? Sie wollten es gemeinsam mit Gregor herausfinden.

24. Wie Fliegen

Eigentlich wollten sie zu Abend essen, aber das verzögerte sich, denn Mathilde erzählte begeistert vom Leichtathletiktraining. Immer wieder verhaspelte sie sich vor Aufregung, so dass ihr Onkel es nicht wagte, sich eine Scheibe Brot zu nehmen.

„Zum Schluss führte der Trainer mit uns Einzelgespräche. Er sagte, dass ich Weitsprung, Hochsprung, Laufen und andere Disziplinen ausprobieren soll, um herausfinden, was mir Spaß macht und wo ich mein Talent am besten einsetzen kann. Ich möchte unbedingt mitmachen und den Beitrag von meinem Ersparten zahlen. Das ist mir wichtig", sagte Mathilde und reichte ihrem Onkel den Brotkorb.

Er wunderte sich über seine Nichte nur noch selten, aber jetzt war wieder einer dieser Momente. Noch lange saßen die beiden zusammen und jedes noch so winzige Detail der ersten Trainingsstunde wurde besprochen.

Etwas später als sonst lernte Mathilde Mathematik in ihrem Zimmer. Ihr Üben war ein tägliches Ritual geworden. Anschließend trug sie immer ihre Lernzeit in den Kalender ein und brachte die Eieruhr zurück in die Küche.

Sie wollte sich gerade wieder an den Schreibtisch setzen, als eine Stimme unter dem Bett rief: „Ahoi, Mathilde!"

„Ahoi, Käfer. Schön, dass du mich besuchst. Ich hatte einen tollen Tag."

„Ja, das weiß ich. Schön, dass das Training Spaß macht. Du wirst im Training viel lernen. Auch für andere Bereiche des Lebens ist Sport lehrreich, wenn wir aufmerksam sind."

Mathilde notierte, und der Käfer machte eine lange Pause.

„Mir gefällt auch euer Projekt ‚Wehendes Haar'. Das Problem mit Figuren und Gegenständen darzustellen, ist ein interessanter Weg. So findet ihr eventuell die Lösung. Eine kreative Idee. Die muss ich mir merken", sagte der Käfer.

Es war tiefe Nacht, als Mathilde auf dem Boden ihres Zimmers aufwachte, nur ihr rechter Arm schlief noch.

Einige Tage später staunten Tina, Ulrike und Gregor, wie Mathilde die selbstgespurte Loipe auf ihren Langlaufskiern entlang glitt. Ausgerechnet heute hatte Gregor seinen Skizzenblock vergessen. Aber das Bild würde er so schnell nicht vergessen.

„Gleich bin ich fertig. Noch zwei Runden", rief Mathilde.

Der Sportplatz wurde im Winter nicht genutzt, und so stand ihr ein ebener Übungsplatz zur Verfügung. Seit Mathilde wieder gesund war, übte sie jeden Tag eine Stunde Langlaufen.

Nach zehn Runden schnallte sie ihre Skier ab, zog ihr Notizbuch aus der Jackentasche, schaute auf ihre Stoppuhr und trug Zeit und Rundenzahl ein.

„Klasse, Mathilde. Das sieht richtig gut aus. Wo hast du das gelernt?", fragte Ulrike. Mathilde erklärte, dass sie sich aus der Bücherei eine Fibel besorgt hätte und jetzt versuche, sich das Langlaufen selber beizubringen.

„Es macht mir unheimlich Spaß. Es ist dem Laufen ähnlich, aber die Arme müssen auch etwas tun und das Gleiten über den Schnee ist wie Fliegen. Na ja, jedenfalls stelle ich mir das Fliegen so vor", sagte Mathilde.

„Aber willst du nicht auch mal bergab fahren? Das ist bestimmt viel interessanter, als hier immer nur im Kreis zu laufen. Das ist doch doof", sagte Tina, die jüngere der beiden Schwestern.

In Mathilde kochte es. Die passende Retourkutsche war bereit. Die fing mit „Zwerg" an und hörte mit „blöde Kuh" auf, als sie in der Jackentasche ihr Notizbuch spürte. Anstatt zu sagen, was ihr auf der Zunge lag, atmete sie dreimal tief durch und ließ sich in den Schnee fallen. Alle schauten sie völlig entgeistert an.

Mit einem Lächeln stand sie auf und klopfte den Schnee ab. „Das ist so ziemlich der schlimmste Sturz, der mir auf dem Übungsplatz passieren kann. Ihr wisst ja, ich hab Angst vorm Fallen. In meinem neuen Sportbuch stand, dass man beim Langlaufen seinen Gleichgewichtssinn trainiert. Das will ich üben, bevor ich den ersten Hang hinunterfahre."

Tina merkte, dass ihr Kommentar nicht nett gewesen war, und schaute verlegen auf den Boden.

„Darf ich es auch mal ausprobieren, Mathilde?" Schnell waren die Schuhe getauscht und Ulrike machte strahlend erste Gleitversuche auf Langlaufskiern.

Abends schrieb Mathilde auf Seite 3 ***„ein gutes Mittel gegen kleine Gemeinheiten ist Freundlichkeit (denke an Langlaufen und Tina)",*** und zwar notierte sie es unter dem WIE *freundlich.*

25. Das neue Ziel

Morgen wollten sie Herrn Mettmann besuchen, um ihm die neuesten Ideen zum Projekt „Wehendes Haar“ vorzustellen. Es war zum Haare raufen, denn Mathilde war immer noch nichts eingefallen. Sie war unzufrieden und hoffte, dass Marei und Gregor kreativer gewesen waren, sonst würden sie ohne die angekündigten Ideen kommen.

Mathildes Unzufriedenheit steigerte sich, als sie in ihr Notizbuch schaute. Wie von Geisterhand geführt, schlug sie die Seite mit den Zielen auf, wo nach wie vor die „Baustelle“ mit dem Ziel bis zu ihrem 15. Geburtstag stand. *An meinem 15. Geburtstag habe ich mein eigenes Pferd. Ich kann für mein Pferd sorgen, auf ihm reiten und kann es irgendwo unterbringen (Stall und Wiese). Mein Pferd heißt Wüstenwind.*

„Ich glaube, das will ich gar nicht“, überlegte Mathilde zum wiederholten Mal. Sie zeichnete Fragezeichen um Fragezeichen hinter, neben und vor das Ziel.

„Reiten mag ich bestimmt auch, aber am liebsten mag ich das Laufen. Das Leichtathletiktraining und mein Langlaufüben machen mir unheimlich Spaß. Ich denke, ich will Läuferin werden. Was das auch immer heißt“, murmelte Mathilde vor sich hin und strich in Gedanken versunken das „alte“ Ziel durch. Darunter schrieb sie: ***An meinem 15. Geburtstag bin ich eine Läuferin …***

Mehr fiel ihr nicht ein, aber ihr gefiel bereits jetzt, was da stand. Dass sie das alte Ziel durchgestrichen hatte, befreite sie. Noch lange saß Mathilde an ihrem Schreibtisch und dachte über ihre Entscheidung nach. Sie konnte nichts Störendes finden und je länger sie nachdachte, umso besser fand sie die Idee und die Bezeichnung „Läuferin“.

Am nächsten Morgen schmetterte Mathildes Onkel ihr ein „Guten Morgen, Prinzessin“ entgegen. Beim gestrigen Tanzkurs musste etwas passiert sein. Es stellte sich heraus, dass sie richtig vermutet hatte. Am Frühstückstisch erzählte ihr Onkel von einer Dame, mit der er am Abend zum Essen verabredet war. Er war gut gelaunt, aber ganz offensichtlich auch nervös.

„Benutz' das Eau de Toilette, das ich dir geschenkt habe. Und vielleicht solltest du noch zum Frisör gehen. Zieh das blaue Hemd an, das sieht am besten aus“, sagte Mathilde, während sie sich eine zweite Schnitte Brot schmierte.

„Du hast aber Hunger heute Morgen“, lenkte ihr Onkel ab. Er wusste, dass seine Nichte kaum zu bremsen war, wenn er mal eine Verabredung hatte. „Wolltet ihr nicht Herrn Mettmann besuchen?“

Das half. Nach dem Stichwort war nur noch das Projekt „Wehendes Haar“ Thema. Während Mathilde ihr Brot aß, erfuhr ihr Onkel das Neueste.

„Dass Herr Mettmann sich Zeit für euch nimmt, finde ich bemerkenswert. Du hast mir ja erzählt, warum er das macht. Das finde ich beachtlich, denn viele vergessen, von ihrem Wissen vom Glück und Erfolg etwas an andere weiterzugeben. Ein großartiger Mann, dieser Herr Mettmann. Richte ihm meinen Dank aus, dass er euch hilft.“

Sie versprach es, lief in ihr Zimmer und packte ihre Jutetasche. Sie drückte ihren Onkel noch schnell und wünschte ihm einen schönen Abend. Als Mathilde am Kiosk vorbeilief, war er geschlossen. Ein mit Kreide beschriebenes Schild wies darauf hin, dass Tiberius Urlaub machte und in zwei Wochen wieder für seine Kunden da sei.

Ein bisschen traurig rief Mathilde: „Buongiorno, Tiberius. Come stai?". Sie stellte sich die erstaunten Gesichter von Tiberius' Freunden vor, die sie haben würden, wenn er sie auf Italienisch begrüßte und sich mit ihnen unterhielt.

Das Team setzte sich am Spielplatz zusammen, um festzustellen, dass keinem etwas Erwähnenswertes eingefallen war. Erneut stellten sie das Spielzeug auf und blickten ratlos auf die Squaw, den Polizisten auf dem Motorrad, das Schiff sowie den Geldschein. Mathilde legte die Kekse dazu, Gregor platzierte daneben die Projektskizze und Marei schob das Informationsblatt über Hippotherapie neben das Schiff.

„Das sieht merkwürdig aus. Bin gespannt, was er sagt, wenn wir dieses komische Stillleben vorstellen", sagte Gregor. Marei fand es gar ein wenig peinlich.

Mathilde sah das nicht so. „Wir haben es versucht. Jeder machte sich Gedanken und hat sich damit beschäftigt. Die große Idee bringen wir nicht, aber deswegen geben wir doch nicht auf – oder?", sagte Mathilde und schaute ihre Freunde abwechselnd an. Sonderlich motiviert wirkte das müde Kopfschütteln der beiden nicht, aber sie nahm es vorerst hin. Ihr Weg führte sie vorbei am Kiosk, am Friedhof und am Findling, von dem Mathilde selbst ihren Freunden noch nichts erzählt hatte.

„Ich habe übrigens meinen Skizzenblock und meine besten Zeichenstifte mitgenommen. Man kann ja nie wissen", erklärte Gregor, mit der schwarzen Mappe winkend.

Vor dem Parkplatz blieb Mathilde stehen. An ihrem Gesichtsausdruck konnten ihre Freunde erkennen, dass ihr irgendetwas außerordentlich am Herzen lag.

„Herr Mettmann war hilfsbereit und freundlich zu uns. Er nimmt sich an einem Samstagvormittag Zeit. Wenn wir schon keine guten Ideen mitbringen, sollten wir nicht auch noch wie Trauerklöße zu ihm kommen. Ich würde mir solche Besucher nicht wünschen, oder was denkt ihr?“, sagte Mathilde.

Die beiden stimmten zu, und so versuchte jeder, ein Lächeln auf das eigene und damit auch auf das Gesicht der anderen zu bringen. Anfangs sah es albern aus, aber nach einigen Versuchen mussten alle herzlich lachen. Ihre Stimmung hellte sich auf und sie setzten ihren Weg fort. Vor dem imposanten Eingangsbereich des Herrenhauses angekommen, blieben Marei und Gregor am Fuß der Treppe stehen. Mathilde fasste sich ein Herz, nahm ein Lächeln mit zur Haustür und drückte auf den Klingelknopf.

26. Der weite Horizont

Herr Mettmann schien sich über den Besuch zu freuen. Ein Angestellter und er trugen Marei samt Rollstuhl in den ersten Stock. Hier angekommen folgten sie dem Hausherrn in das Zimmer mit den Ohrensesseln.

Marei und Gregor waren sprachlos. Was für ein Raum, die vielen Bücher, die Bilder, die mächtigen Ohrensessel und die phantastische Aussicht. Hier musste ihnen einfach etwas einfallen. Gregor hätte am liebsten seinen Skizzenblock gezückt.

„Ich habe bereits die Ideenecke vorbereitet“, erklärte Herr Mettmann. Vor dem Fenster standen Tee, Brause und Kekse auf einem Tisch. „Marei, du kannst hier sitzen. Von hier hat man die beste Aussicht.“

Nachdem alle mit Getränken und Keksen versorgt waren, erzählte Herr Mettmann vom letzten Besuch Mathildes. Auch er gab zu, noch nicht die zündende Idee gefunden zu haben, aber er war sicher, dass sie nicht weit entfernt war. Mathilde bedankte sich im Namen des Teams für die Einladung. Sie richtete ebenso den Dank von ihrem Onkel aus. Sie erzählte von den nicht gefundenen Ideen und übergab an Gregor, der auf dem Tisch vorm Fenster die bekannte Szene aufbaute. Hinterher reichte er Herrn Mettmann die Skizze vom Projekt „Wehendes Haar“. Er erklärte ihm, dass sie die Szene auf dem Bild nachgebaut hätten, und deutete auf den reitenden Indianer, die Squaw und den Polizisten auf dem Motorrad.

„Dann stellte Mathilde mein Segelschiff neben die Figuren. Sie sagte, dass Sie Schiffe lieben und gerne Kapitän geworden wären.“ Herr Mettmann nickte. „Danach legte Marei einen Geldschein neben die Figuren mit der Bemerkung, dass wir für unser Projekt Geld benötigen und Sie welches verdienen müssen."

Zum Schluss legte Gregor noch die selbstgebackenen Kekse und die Broschüre über Hippotherapie auf den Tisch. Eine lange Pause entstand. Herr Mettmann schaute abwechselnd auf das Stillleben und auf die Felder. Dann stand er schwungvoll auf, ging zum Fenster und schaute kopfschüttelnd hinaus. Mathilde, Marei und Gregor sahen sich gegenseitig an. Keiner wollte Herrn Mettmann in seinen Gedanken stören.

„Ich hab sie! Ich hab die Idee!", rief Herr Mettmann. Er drehte sich zu seinem Besuch um und sagte: „Ihr seid ein großartiges Team und es stimmt nicht, dass ihr ohne eine Idee gekommen seid. Es mag sein, dass diese Idee euch nicht bewusst war. Aber mitgebracht habt ihr sie."

Die drei Freunde schwiegen gespannt.

„Marei hat recht. Ich muss Geld verdienen, denn nicht nur meine Familie will ernährt werden, sondern genauso meine Mitarbeiter und deren Familien. Es stimmt auch, was Mathilde sagte. Ich liebe Schiffe. Außerdem braucht ihr bei eurem Projekt Hilfe, ja vielleicht sogar Geld. Die Idee mit der Skizze und das Aufbauen der Figuren und des Schiffs waren der Schlüssel." Dann machte Herr Mettmann eine Pause und blickte erneut nach draußen.

„Kommt bitte zum Fenster", sagte Herr Mettmann. Mathilde und Gregor sprangen aus den Sesseln und Marei rollte dichter an die Scheibe.

„Seht ihr dort das Feld neben dem Reitplatz? Da wollte ich vor Jahren eine Halle bauen lassen. Die alte war zu klein. Leider schiebe ich das seit Jahren vor mir her. Eine neue Halle ist mit viel

Planung und Arbeit verbunden. Ein weiterer Grund, warum ich es aufgeschoben habe, war diese Sicht aus dem Fenster. Ich liebe die Aussicht. Ich liebe den weiten Horizont.“ Dann nahm Herr Mettmann das Schiff und hielt es vor das Fenster.

„Wenn ich aber eine Halle bauen lasse, die wie ein Schiff aussieht, wird die Aussicht keinesfalls schlechter. Von hier aus sehe ich somit ein Schiff vor dem Horizont, habe eine moderne Reithalle, eine Attraktion, die Kunden anzieht. Endlich Platz für neue Angebote. Über Hippotherapie sprach ich bereits im Sommer mit meinen Mitarbeitern. Wenn die neue Halle steht, könnten wir das anbieten und du, Marei, wärst unsere Ehrenteilnehmerin.“

Mathilde und Marei standen mit offenem Mund vor dem Fenster und schauten auf etwas, was nicht da war. Und was noch nicht da war, begeisterte die beiden. Gregor fertigte eine Skizze an, und nun hatte er Zuschauer. Man sah Koppeln, auf denen Pferde grasten. Man erkannte den Reitplatz, neben dem eine große Halle stand, die aussah wie ein Frachtschiff mit einer Kommandobrücke, auf der Flaggen im Wind wehten. Gespannt schaute die Gruppe Gregor zu. Nun war es Herr Mettmann, der mit offenem Mund auf das Bild schaute. Ein paar letzte Handgriffe, dann nahm Gregor die Skizze und reichte sie dem Hofbesitzer.

„Das gebe ich meinem Architekten. Danke, Mathilde, Marei und Gregor. Ihr seid ansteckend mit euren Zielen und Ideen. Nun weiß ich, dass die Halle gebaut wird. Jetzt weiß ich, wie ich euch bei eurem Projekt unterstützen kann. Lasst uns feiern und Mathildes Kekse probieren“, sagte Herr Mettmann und bot Scheiben von der Schokoladen-Salami an.

Unsere drei Freunde waren schweigsam auf ihrem Weg nach Hause. Es war jene Stille, die Menschen durch ein Lächeln und gemeinsame Ideen verbindet.

27. Bleib bitte dran!

Die Sonne wärmte den Findling und Mathildes Rücken. Immer mal wieder schaute sie von ihrem Büchlein auf, um den gelben Kran zu beobachten, der das Material für den Bau der Halle platzierte. Sie strich Punkte durch, die nicht mehr wichtig waren, und hakte Aufgaben ab, die sie erledigt hatte. In Mathe stand sie auf einer unglaublichen Zwei und auch in den anderen Fächern war sie besser geworden. Das Leichtathletiktraining machte Spaß, und am Projekt „Wehendes Haar“ arbeitete sie regelmäßig mit Marei und Gregor.

Mathilde war ein wenig stolz und klappte ihr Notizbuch zu. Sie beobachtete den Ausleger des Krans, der nach rechts und dann wieder nach links schwenkte.

„Hallo, Mathilde!“, rief ein Chor von Stimmen. Alle ihre Berater waren da – die Mücke, die Biene, die Fliege, der Käfer und die Schnecke.

„Wir wollen dir gratulieren“, sagte der Käfer. „So viel Ausdauer und Geduld erleben wir selten. Du trägst ein gutes Herz und magst deine Mitmenschen. Du nimmst Rat an, unternimmst etwas und findest Lösungen. Du suchst den Sinn in deinem Leben. Wir freuen uns, dass wir dir helfen konnten, dass wir dich kennen. Bleib bitte dran und mach weiter. Die Welt braucht Menschen wie dich.“

Mathilde rutschte von ihrem Sitz und fiel nach hinten ins Gras. Langsam öffnete sie die Augen, schaute in den blauen Himmel über dem Findling und flüsterte: „Danke!“

28. Mathildes Notizbuch

Anmerkung: Mathildes Einträge in ihr Notizbuch aus Band 1 sind kursiv gesetzt. Mathildes neue Einträge in das Notizbuch sind fett und kursiv.

Seite 1 (Ziele)

Was will ich hier?
Was mache ich hier auf dieser Welt?
Was ist meine Aufgabe?
Wo will ich hin?

Ich kann pfeifen.
Ich habe mein eigenes Pferd.
Ich stehe auf einer Drei in Mathematik.

Meine Ziele!

Weihnachten: Ich kann ganze Lieder pfeifen und zwar so, dass jemand das Lied auch erkennen kann. Am Heiligabend habe ich mit meinem Onkel Weihnachtslieder gepfiffen.

Ende des Schuljahres: Ich habe in meinem Zeugnis eine Drei in Mathematik. In den anderen Fächern bin ich genauso gut wie im vorherigen Jahr oder auch besser.

~~*Wenn ich 15 werde: An meinem 15. Geburtstag habe ich mein eigenes Pferd. Ich kann für mein Pferd sorgen, auf ihm reiten und kann es irgendwo unterbringen (Stall und Wiese). Mein Pferd heißt Wüstenwind.*~~

Will ich das wirklich?
Kann ich meine Angst vor dem Fallen überwinden?
Ist das mein Ziel?
Kann ich das schaffen?
Gibt es ein noch besseres Ziel?
Welches könnte das sein?

Wenn ich 15 werde: An meinem 15. Geburtstag bin ich eine Läuferin …

Seite 2 (Einstellung und Ideen)

Die meisten guten Dinge reifen nur in der Stille.

Hilf dir selber, damit du dich erinnerst.

Wenn man Ziele und Wünsche hat, dann helfen einem manchmal Menschen (so wie mein Onkel und Tiberius) und scheinbare Zufälle.

Der Regen fällt in jedem Fall auf die Erde, ob du dich ärgerst oder nicht. Versuche auch einmal, das Gute im Regen zu sehen.

Nimm lieber das kleinere Eis. Das reicht auch und du bekommst keine Bauchschmerzen.

Lerne aus deinen Fehlern. Damit du sie nicht vergisst, notiere sie.

Gerechtigkeit: Die des Geldes, der Freude, des Glückes, der Gesundheit – welche meinst du? Außerdem betrachten wir meist nur Phasen des Lebens und urteilen zu schnell. Wir sehen nicht, was war, und wir können nicht wissen, was kommt. Möglicherweise ist das Leben gerecht, wenn wir es im Ganzen beurteilen.

Vergiss das Tun nicht.
Sei nicht zu euphorisch in den guten Tagen und nicht zu betrübt in den Tagen, wo es nicht so läuft.

Das Problem ist nämlich bei Ärger, Wut oder beim Toben, dass wir etwas tun oder sagen, das wir schnell bereuen und das wenig hilfreich ist auf dem Weg zum Angestrebten. Der Verstand verabschiedet sich, wenn Wut und Ärger einziehen, und wir tun Dinge, die uns selber und andere verletzen!

Lernen hält das Gehirn auf Trab und hilft, im Kopf jung zu bleiben. (Tiberius lernt Italienisch)

Sei nicht betrübt über Dinge, die passieren könnten. Das kannst du immer noch sein, wenn es passiert.

Hilf dir selber, damit du dich erinnerst. Schreibe dir auch Namen auf, denn Namen sind sehr wichtig! (Denke an das Empfangsschild im Seniorenwohnheim, denke an den Reiterhof)

Findling Rosei

Seite 3 (WIEs, Werte)

Deine Wünsche und Ziele sind sehr wichtig, aber dein WIE macht dich erst zu dem Menschen, der du bist.

fair – gerecht sein, nicht die eigene schlechte Laune an anderen auslassen, keine Vorurteile haben, sich entschuldigen, wenn man einen Fehler gemacht hat (Gregor), (Vorurteile, denke an Frau Klemmer!), ***(Frau Günes)***

freundlich – mit einem Lächeln die Dinge tun und auf andere zugehen, auch wenn andere nicht freundlich sind, andere so behandeln, wie ich selber behandelt werden möchte, sich bedanken, Menschen helfen und ihren Dank annehmen, ***ein gutes Mittel gegen kleine Gemeinheiten ist Freundlichkeit (denke an Langlaufen und Tina)***

ausdauernd & geduldig – Ziele verfolgen, Ziele auch mal anderen erzählen, Hilfe suchen, Ziele immer wieder anschauen, regelmäßig dafür etwas tun, auch mal „Nein“ sagen, das kleine Heft immer wieder nutzen

~~o **Ideen mit Sandra austauschen. Sie nutzt ein Tagebuch. (Treffen nach dem Reittraining)**~~

Seite 4 (Aufgaben)

Jeden Tag fünfzehn Minuten die Pfeifübungen machen, die ich von Tiberius bekommen habe. Tiberius testet mich am 25.09. ✔

- *Dankeschön für Tiberius besorgen* ✔
- *Tiberius fragen: Warum hat er nie schlechte Laune?* ✔
  - *Schlechte Laune beruht meist auf Gedanken.*
  - *Gute Laune lindert Schmerzen und verändert meine Gedanken über Regen. Das ist nicht immer einfach, aber mit viel Übung gelingt das.*
  - *Wenn du schlechte Laune hast, dann beobachte deine Gedanken, bewege dich und tue etwas. Male ein Bild, räum auf, schreib in deinem Buch oder mache etwas, was du immer wieder aufschiebst.*

- *Marei fragen: Warum ist sie so freundlich und strahlt immer so?* ✔
  - *Menschen, die kein Lächeln haben, eines schenken (Mareis Spiel, Tipp von ihrer Urgroßmutter)*
  - *Geschichte aus Indien (mit dem Hund und den Spiegeln)*
- *Jemanden in der Schule nach Möglichkeiten der Unterstützung in Mathematik bitten*
- *Wieder regelmäßig Pfeifen üben* ✔
- *Suche das junge Mädchen mit dem Dartmoor Pony* ✔

- ***Hilf Tiberius beim Vokabellernen*** ✔
- ***Dankeschön für Frau Günes besorgen*** ✔
- ***Baue eine Sitzgelegenheit bei Rosei*** ✔

Seite 5 (Ideen)

Wann willst du deine Ziele erreichen?
Was willst du dafür tun?
Hilf deinem Glück, indem du dich verpflichtest, darauf zuzugehen, und zwar Schritt für Schritt.
Manchmal sollte man einfach vertrauen und ausprobieren.
Mit viel Übung kann man viel erreichen.
Schreibe deine Aufgaben, Ideen und alle anderen wichtigen Punkte in dein Notizbuch, um dich zu erinnern.

Gib dir eine gute Chance und bereite dich vor.

Feiere auch mal kleine Erfolge mit deinen Freunden oder alleine (Zwei minus in der Mathematikarbeit!).

Manche Dinge sollten wir für uns behalten. Sie sind unser kleines Geheimnis, sind unser Talisman oder Glücksbringer, den nur wir kennen. (Schnecke, Käfer, Findling Rosei …)

Dein Notizbuch ist nicht dafür da, es vollzuschreiben, sondern es ist dazu da, um das wirklich Wichtige aufzuschreiben und dich zu erinnern. (Denke an den Sitz bei Rosei!)

Seite 6 (Ziele und Aufgaben)

Was willst du dafür tun?

1. Pfeifen können

- *Jeden Tag mindestens fünfzehn Minuten die Pfeifübungen machen, die ich von Tiberius bekommen habe. Tiberius testet mich am 25.09.* ✓
- *Mindestens einmal pro Woche mit meinem Onkel Liederraten spielen* ✓
- *Weitere Pfeifübungen finden und machen*

2 Drei in Mathematik

- *In den Pausen mit jemandem Mathematik üben*
- *Das Mathematikbuch lesen* ✓
- *Nachhilfe in Mathematik nehmen*
- *Hausaufgaben mit meinem Onkel durchsprechen* ✓
- *Bücher, die mein Mathematiklehrer empfiehlt, in der Bücherei ausleihen* ✓
- *20 Minuten Mathematik üben (Eieruhr, Zeit addieren)* ✓
- *Herrn Rummel fragen, wie ich meine Zensur verbessern kann* ✓

3. Eigenes Pferd

- *Zeitungen austragen und Geld sparen* ✓
- *„Mein großes Pferdebuch" lesen* ✓
- *Geld zu Weihnachten und zum Geburtstag wünschen und sparen* ✓
- *Bei der Reitschule zuschauen* ✓
- *„Lerne erst einmal reiten!"*
- Das junge Mädchen mit dem Dartmoor Pony fragen, wie es seine Angst vor dem Fallen überwunden hat ✓

Beschäftige dich mit dem Balancieren und dem Fallen. Übe zu fallen, um die Angst zu verringern (Sandras Weg: hat Fallen beim Turnen geübt)

Treffen mit Sandra am nächsten Samstag ✓

Seite 7 (Träume und weitere Ideen)

Träume & Ideen

Mit Pferd die Zeitung austragen und Lieder pfeifen
Pferd hilft in den Pausen bei den Mathematikübungen
Nutze die Eieruhr beim Lernen! (Beispiel: 20 Minuten Mathematik üben)

Findling Rosei

Sich im Kreis drehen, weil es Spaß macht und daran erinnert, dass wir nicht nur in eine Richtung blicken (Käfer).

Nachdenken funktioniert beim Spazierengehen sehr gut!

Laufe gleichmäßiger.
Achte auf deinen Atem. (Nase ein, Mund aus)

Sport ist für andere Bereiche unseres Lebens lehrreich, wenn wir aufmerksam sind.

Seite 8 (Aufgaben für das Projekt Wehendes Haar)

- *Tiberius um Rat und Ideen bitten* *(Mathilde)*
- *Buch über Rennradfahren lesen* *(Gregor)*
- *Mathildes Onkel fragen* *(Mathilde)*
- *Frau Klawitsch fragen* *(Gregor)*
- *Mareis Eltern um Erlaubnis bitten* *(Marei)*
- *Gregors Mutter wegen Asthma fragen* *(Gregor)*
- *Herrn Mettmann fragen* *(Mathilde)*
- *Marei liest Mathildes Pferdebuch* *(Marei)*
- *Arzt fragen, ob so etwas möglich ist* *(Marei)*
- *Rennrad ausleihen* *(Gregor)*
- *Buch über Laufen besorgen* *(Mathilde)*

Seite 9 (NEU: Aufgaben für das Projekt Wehendes Haar)

Projekt „Wehendes Haar“

Sammeln von Informationen

- *Tiberius um Rat und Ideen bitten* *(Mathilde)* ✓
- *Herrn Mettmann fragen* *(Mathilde)* ✓
- *Mathildes Onkel fragen* *(Mathilde)* ✓
- *Buch über Rennradfahren lesen* *(Gregor)* ✓
- *Frau Klawitsch fragen* *(Gregor)*
- *Buch über Laufen besorgen/lesen* *(Mathilde)* ✓
- *Marei liest Mathildes Pferdebuch* *(Marei)* ✓
- *Arzt fragen, ob so etwas möglich ist* *(Marei)* ✓

Betroffene informieren/Erlaubnis einholen

- *Gregors Mutter wegen Asthma fragen* *(Gregor)*
- *Mareis Eltern um Erlaubnis bitten* *(Marei)*

Aktionen/Aufgaben/Maßnahmen

- *Rennrad ausleihen (Cousin)* *(Gregor)* ✓
- *Fahrradheimtrainer organisieren* *(Gregor)* *nT*

(nT bedeutet – bis zum nächsten Treffen machen)

Auf die Reihenfolge der Aufgaben achten! (Erst die Socken und dann die Schuhe anziehen!)

Seite 10 (Rückblick)

Schreibe die Antworten stichwortartig auf, um auf nur einer Seite einen Rückblick zu erhalten.

Was habe ich gelernt und was erreicht?

- ***Ziele und Werte sind wichtig***
- ***kann pfeifen, habe meine Mathematikzensur verbessert***

Was war gut und was war nicht so gut?

Welche wichtigen Personen sind mir begegnet?

- ***Marei, Gregor, Frau Klawitsch mit Ipo, Frau Günes, Tiberius, Sandra, Herr Mettmann***

Weitere Fragen werden mir einfallen, wenn ich meine Antworten notiere.

Meine Notizen:

Es gibt auf der Welt nur einen einzigen
Weg, den niemand gehen kann außer dir.
Wohin er führt, frage nicht.
Gehe ihn.

Friedrich Wilhelm Nietzsche